김예경 수필집

피파의 노래

소소21

피파의 노래
===

김예경 수필집

1판 1쇄 인쇄/ 2019년 8월 12일
1판 1쇄 발행/ 2019년 8월 16일

지은이 / 김예경
펴낸이 / 우희정
펴낸곳 / 도서출판 소소리

등록 / 제300-2007-21호
주소 / 03073 서울 종로구 성균관로 5길 39-16
전화 / 765-5663, 010-4265-5663
e-mail: sosori39@hanmail.net
www.sosori.net

값 12,000원

*잘못된 책은 바꿔드립니다.

ISBN 979-11-5891-126-3   03810

피파의 노래

김예경 수필집

책을 내면서

자유로워서 좋다

　일상은 단출해서 좋고 인간관계는 단순해서 좋다. 그래서 얻어진 여유시간을 내가 행복해지는 일에 마음껏 투자할 수 있는 삶. 여기까지 오느라고 참 열심히도 달렸다. 이제 내가 선 자리는, 누구의 눈치도 보지 않고 매이는 곳 없이 내 삶을 내 뜻대로 가꾸어가는 자유로운 자리다. 너무 이기적인 생각일지 모르지만 그러니까 나이 먹는 것은 편안해지는 일이라지 않던가?
　다시 책을 묶으면서 당치도 않은 의욕과 공허한 욕심이 여전히 살아있음에 웃었다. 그러나 자유롭고 이기적인 나를 그냥 그대로 좋아하기로 했다. 단순한 생각과 행복한 마음으로 내 글을 모아본다는 사실이 좋다.
　여유롭고 따뜻한 나의 친구 수필을 만난 내 행운에 감사하면서 먼젓번에 이어 이번에도 출판을 맡아준 '소소리'에 고마움을 전한다.

저자 김예경

▷ 차 례

▷ 책을 내면서

1.

갖다 주나 마나지 ─·13
바느질의 내력 ─·17
용 한 마리 나리라 ─·22
주홍색 내 우산 ─·25
강변에는 휴식이 있다 ─·29
고향이 어디세요 ─·33
그 여름이 그립다 ─·38
혹시 내 탓인가 ─·43
내 귀는 모노포니 ─·48
봄이 오는 강변에서 ─·52

2.

피파의 노래 ―·59
다치고 싶어 다치겠느냐 ―·64
또 하나의 아름다운 악기 ―·69
사순절의 커피 ―·73
세상에 가장 무서운 것 ―·77
또 한 번의 작심삼일 ―·80
마음의 군살부터 ―·84
물 먹고 체한 날 ―·88
바나나 무상 ―·92
변두리를 서성대며 ―·95

3.

얼간이 법칙 — · 103
사랑의 작은 빨간색 — · 107
친구야 — · 112
시골로 가을여행을 — · 116
아버지를 생각하며 — · 120
아주 오래된 기억 — · 125
청자색 나팔꽃 — · 129
호박꽃의 비교 — · 133
친구와 함께 추억의 만찬을 — · 137
커피가 타락했구나 — · 142

4.

세상에 달랑 혼자 남겨지다 ― · 149
타고난 조연이 없어 ― · 155
탈리온 법이 필요할지도 ― · 160
핸드백이 문제네 ― · 164
하루 두 잔의 커피 ― · 168
한국 음식은 맵다 ― · 172
앤티크에는 이야기가 있다 ― · 176
채소가게의 토마토 ― · 181
황혼의 호숫가에서 ― · 184

중수필

金여사 이야기 ― · 189
그 후에 목걸이는 어떻게 되었을까 ― · 199

갖다 주나 마나지

 딸네가 사는 아파트는 지은 지가 꽤 오래되어 정원의 나무들이 크고 멋지다. 건물은 점점 낡아가지만 나무들은 세월이 갈수록 더욱 우람하고 믿음직스러워지는 것이 퍽이나 대조적이다. 나무가 무성한 정원에는 새소리도 많고 요즘 같은 여름에는 매미소리가 폭포 쏟아지듯 한다.
 엊그제 일이다. 딸네 아파트를 들어서면서 보니 작업복 차림의 남자들 몇이 나무 그늘에 앉아 쉬고 있었다. 엊그저께 몰아친 태풍에 꺾인 나뭇가지들을 정리하는 사람들이었다. 그 앞을 지나가는데 한 사람이 일어나 다가오더니 내게 말했다
 "아주머니, 이것 드릴까요?"
 그는 양손바닥을 마주 겹쳐 그 속에 뭔가를 넣고 있는 듯했다. 걸음을 멈추고 그게 뭐냐고 물으니 그는 가만 있어보라고 하더니 겹친 손바닥 안쪽을 조심스레 들여다보면서 손가락을 꼼지락거렸

다. 그러더니 뜻밖에도 한 손에 한 마리씩 매미 두 마리를 내 눈앞에 들어 보이는 것이었다.

　나는 이 나이 되도록 매미를 자세히 들여다보거나 만져본 적이 한 번도 없었다. 자랄 때 여름방학이면 친구들이 매미를 잡으러 가자고 해도 따라가지 않았고 남자아이들이 잡은 매미를 주겠다고 내밀어도 질겁하면서 뒷걸음질을 치곤했다. 매미는 잠자리나 개미 같은 다른 곤충과 달리 몸집이 너무 큰 데에다 얼른 보기에도 칙칙한 색깔이나 생김새가 어쩐지 혐오감이 느껴져서 가까이 하기가 싫었다. 벌레가 무서웠던 내 눈에는 매미 역시 징그러운 벌레쯤으로 보였던 것이다.

　얼결에 매미를 얻게 된 나는 순간 무척 당황했다. 다 늙은 사람이 징그러워 못 받는다고 할 수도 없고 무서워서 못 받는다고는 더구나 할 수가 없었다. 어떻게 받아야 할지 몰라 열손가락을 들고 꾸물거리면서 마음속으로는 이 녀석을 꼭 가지고 들어가서 손주들에게 보여주어야겠다는 생각을 하고 있었다.

　"이렇게, 이렇게 두 손가락으로 여기를 꽉 잡으세요."

　나는 남자가 시키는 대로 엄지와 검지에 힘을 모아 매미의 허리께를 꽉 집었다. 손끝에 느껴지는 이물감에 섬뜩하며 진저리가 쳐졌지만 이왕 쥐어 본 김에 두 마리를 다 얻고 싶은 욕심으로 왼손에 나머지 한 마리를 마저 받았다. 두 손주 녀석들이 신기해 할 것을 생각하면서 두 마리의 매미와 내가 맨손으로 매미를 잡을 수 있다는 사실이 그렇게 자랑스러울 수가 없었다.

그런데 몇 걸음 가지 않아 매미 한 마리가 발을 버둥대기 시작했다. 여섯 개나 되는 발로 내 손가락을 밀어내려고 계속 비벼대는 힘이 여간이 아니어서 그만 슬며시 무섬증이 들기 시작했다. 잠시 후에는 나머지 한 녀석도 마저 버둥대기 시작했다. 매미가 혹 물거나 쏘지는 않는지 아는 바가 전혀 없어 불안했다. 발도 발이지만 매미의 옆구리에서 느껴지는 힘이 만만치가 않아서 쥐고 있는 손가락이 튕겨져 나갈 것만 같았다. '이 바보 할미 같으니!' 마음을 다잡아 보려고 애 썼지만 더 이상 버틸 수가 없어 비명이 터지려고 했다.
"아! 안 되겠다!"
그만 열손가락을 쫙 풀어버리고 말았다. 매미들은 "휘익-." 동그라미를 그리며 날아오르더니 곧 잎이 무성한 나뭇가지 속으로 사라졌다. "후유-." 몸과 마음의 속박이 일시에 풀리면서 다시 찾은 내 자유가 매미의 자유에 못지않게 만족스러웠다. 아쉬우면서도 후련한 심정으로 매미가 사라진 나무를 올려다보고 혼자 중얼거렸다.
"녀석들 성질도 급하기는. 어련히 안 풀어 주려고."
나야 처음부터 손주들에게 잠시만 보여주고 놓아줄 셈이었지만 매미가 그런 내 마음을 어찌 알랴.
매미는 얼마나 두려웠을까? 땅 속에서 7년을 기다린 끝에 얻는다는 며칠간의 생명인데. 매미의 그런 안타까운 일생을 지식으로는 알지만 그렇게 아는 것과 내 이기적인 욕심은 서로 별개의 것이었던 모양이다. 녀석들도 지금쯤 저 위에서 나처럼 "후유-." 한

숨 돌리면서 다시 찾은 자유를 만끽하는 환호성을 올리고 있으리라 싶어 나뭇가지를 다시 올려다보았다. 그리고 또 중얼거렸다.
"그래 잘 했어 매미야. 다시는 아무에게도 붙잡히지 말고 잘 살아라."
　집에 들어가서는 아무에게도 매미 얘기는 하지 않았다. 설사 내가 매미를 가져다주었다 한들 저네들이 뭐 나처럼 손으로 잡아보기나 할 수가 있었을라고? 갖다 주나 마나지.

바느질의 내력

신혼 시절 어느 날 남편의 와이셔츠에 단추를 달고 있었다. 마침 셋째 시뉘가 오더니 나를 보고 깜짝 놀라면서 말했다.
"왜 언니가 단추를 달아요?"
"그럼 누가 달아?"
"오빠가 달아야지요."
그때 시뉘는 중학생이었다. 단추는 아버지가 다니까 당연히 오빠가 달아야 하지 않느냐는 것이었다. 알고 보니 어머님은 젊어서는 베도 짰다는데 웬일인지 바느질은 통 못하셨다. 처음부터 아버님이 하기 시작한 것이 아이 일곱을 키우면서 바늘로 꿰매는 일은 모두 아버님 차지가 된 것이었다. 내가 놀랐다는 말을 듣고 며느리 보기가 좀 그랬던지 어머님은 늦게나마 아버님께 단추 다는 법을 배우셨다고 한다.
어느 날 시댁에 갔더니 어머님이 바느질을 하고 계셨다. 어찌나 자랑스러운 표정으로 나를 쳐다보시는지 순간 웃음이 터질 뻔했다. 웃음을 들키지 않으려고 얼른 방을 나간 더 큰 이유가 있었다. 팔꿈치를 어정쩡하게 치켜들고 뻣뻣한 손목으로 이리 숭덩 저리 숭덩, 움켜쥔 바늘을 쑤셔 넣는 어머님의 손놀림에 도저히 웃음을 참을 수가 없었다. 세상에 어쩌면 그렇게도 어색할 수가 있던지.

큰아이가 중학교에 들어가자 재봉시간이 있었다. 처음으로 바느질 숙제를 한다는 날 아이를 들여다보던 나는 소스라치게 놀랐다. 한 치 한 푼도 틀림없는 어머님의 손이 바늘을 움켜잡고 숭덩 숭덩 꾸무럭거리고 있었다. 그림은 잘 그려서 미술대학을 갔지만 큰아이는 지금도 바느질만은 그렇게 못할 수가 없다. 어미 소질을 닮아 그림을 그린다고 믿는데 같은 손으로 하는 일을 바느질만은 할머니를 닮은 것이 참으로 신기하다.

나는 아마도 친정어머니를 닮아 바느질을 즐기는 듯하다. 어머니는 올케인 큰외숙모와 자매처럼 다정하게 지냈는데 두 분이 마주 앉아 자주 바느질을 하셨다. 일제 때 여학교를 나온 두 분은 서로 생각이 잘 맞아서 일본 책을 펴 놓고 의논해가며 예쁜 블라우스와 스커트 그리고 멋진 원피스를 뚝딱 잘도 만들어 내셨다. 나도 외딸이고 외삼촌 네도 외딸이라 귀한 딸들에게 예쁜 옷을 지어 입히는 것이 두 분의 큰 취미요 자랑거리였던 듯하다.

그런 어머니에게는 예쁜 색색의 헝겊이 많아서 어머니를 졸라 그것을 얻어 모아두는 것이 내 취미였다. 일찍부터 나도 바느질이 배우고 싶었지만 가르쳐달라고 다가들 때마다 어머니는 매번 나를 밀쳐내시곤 했다. 바느질 잘 하면 팔자가 고단해진다고 말씀하시면서.

 바느질은 외갓집에서 외증조할머니께 배웠다. 할머니는 항상 반짇고리를 곁에 두고 계셨는데 나는 그 반짇고리 뒤져보기를 좋아했다. 할머니는 꽃수를 놓은 색색의 비단골무 여러 개를 색실에 꿰어 장난감 삼아 내게 주시기도 했다. 반짇고리에는 골무 외에도 예쁜 바늘꽂이와 색실 그리고 곡선이 날렵하고 납작한 실패와 연봉매듭으로 맺은 적삼단추들이 있었다. 나는 특히 할머니가 아끼시는 상아빗치개와 빗을 꺼내 갖고 놀기를 즐겼다. 그 외에도 갖가지 단추와 앙증맞고 자잘한 물건이 많아서 할머니의 반짇고리는 뒤지며 놀기에 좋았다. 있으면 얹었겠지만 증조할머니에게는 색깔 고운 헝겊은 없었다. 바닥이 고운 흰 옥양목과 광목이 있었는데 그것으로 온 가족의 버선볼을 받는 것이 할머니의 소일거리였다. 그런 할머니를 곁에서 꼼꼼히 들여다보다가 바느질을 배우기 시작했는데 아마도 초등학교 4학년 무렵이었던 것 같다.

 어머니가 일찍 돌아가시는 바람에 어머니가 가지고 있던 색깔 고운 천들은 추억과 함께 내 재산이 되었다. 그렇게 모아둔 헝겊은 내 아이들이 태어나면서 단단히 빛을 보았다. 배냇저고리에서부터 시작해 나도 어머니처럼 두 딸아이들에게 열심히 옷을 지어 입혔다. 갖가지 조각헝겊을 이용해 솜씨 자랑을 맘껏 하면서 주위의 부러움을 사는 재미에 한껏 으쓱대며 살았다. 우리 집에서는 쓰고 남은 천이나 색깔 고운 헌옷은 면직물이면 자투리 하나도 버려지는 법이 없이 모두 차곡차곡 쌓여 다음 쓰임새를 기다린다.

손주가 생긴 후로는 걸핏하면 딸이 아이들의 옷을 들고 온다. "엄마, 여기 구멍 났어요." "비싼 옷인데 품이 작아져서 너무 아까워요." "길이가 깡충해졌어요." 부탁마다 다 들어줄 수 있는 솜씨도 아닌데 딸아이는 옷에 생긴 탈은 모두 엄마가 해결할 수 있는 것으로 오해하고 산다.

가져온 손주들의 옷은 예전에 제 어미들 키울 때 그랬던 것처럼, 구멍 난 곳은 예쁜 헝겊으로 재미있는 모양을 만들어 메워주고, 작아지거나 짧아진 옷은 어울리는 천을 붙여 늘여서 한두 해는 더 입을 수 있도록 만들어준다. 색깔이 고와 넣어 두고 무늬가 아름다워 간직하고 그렇게 모인 천들은 딸아이들 키우면서 쓰고 손주들에게 쓰고 그러고도 아직 남았다.

지금은 그 남은 자투리 천들로 꽃을 만든다. 내 마음대로 손바느질해 만드는 꽃이니 색깔이나 모양에 전혀 구애 받지 않는 아주 자유로운 작업이다. 옛날 옛적 어머니가 입었던 포플린 꽃무늬 적삼 천도 지금은 꽃이 되었다. 딸들 집과 내 집에는 내 손으로 피워낸 꽃무더기들이 화려한 색깔을 자랑하고 있다. 보는 이마다 부러워하니 기분 좋고 가끔 주고 싶은 이들에게 선물하면 특별히 고마워 하니 또 기분이 좋다.

뜨개질에 바느질에 오랜 세월 너무 혹사했더니 이젠 손이 아파 마음껏 바느질을 할 수 없는 것이 큰 아쉬움이다. 증조할머니는 여든이 넘도록 바느질을 하셨는데 나는 일찌감치 손가락이 고장 나고 말았다. 어느 날 꽃을 만드는 내 옆에서 놀고 있던 여섯 살짜리 손녀에게, 이담에 할머니 죽으면 이 꽃은 다 네가 가져라 했더니 녀석이 활짝 뜬 눈을 급히 반짝이며 물었다.
"할머니, 언제 죽을 건데요?"

용 한 마리 나리라

　세상에 별 희한한 부부도 다 봤네요. 부부가 같이 살다 보면 서로 닮는다고는 하지만 하필이면 알코올 중독을 닮을 게 무언지. 주정뱅이 주(周)씨가 이 동네로 이사 온 것이 아마 한 6, 7년 되지요. 주 씨 별명이 '주(酒)태백'이라는 건 이사 온 이튿날부터 온 동네가 다 알게 된 사실이지만 얌전해 뵈는 그 안사람까지 그렇게 술을 많이 마시고 있는 줄은 아무도 몰랐지요.
　그나마 다행인 것은 주씨 아내는 남편처럼 주사를 부리지는 않는다는 거예요. 뭘 물어도 대답 없이 그저 뱅글뱅글 웃으며 지나가면 그녀가 술에 취했다는 증거지요. 술을 안 마시고는 그 남편과 살 수가 없어 마시다 보니 이젠 하루도 술 없이는 못 살게 되었다니 이해는 가지만 참 딱한 노릇이네요.
　사흘이 멀다 하고 두들겨대는 주씨의 행패도 행패지만 동네 사람들이 또 하나 머리를 내젓는 일이 있지요. 취중농담인지 취중진

담인지 알 수가 없는 주씨의 횡설수설이랍니다. 하나뿐인 자식인 아들이 자기 아들인지 아닌지 모른대나 어떻대나 도대체 이게 무슨 소린지. 누구 자식인지도 모르는 놈을 뼈 빠지게 고생해서 공부 시킨다며 걸핏하면 아들 책가방을 하수구에 메다꽂지 뭡니까? 늙은 아비 등골 그만 빼 먹고 철공소에 가서 기술이나 배우라고 닦달하는 걸 보면 정말 자기 아들이 아닌가 싶기도 하고. 다들 그저 "술이 웬수다. 술이 웬수야." 하지요. 정말 자기 아들이 아니라면 또 어쩔 건데요? 자식이라곤 그것 하나뿐인데 나이 육십에 어디 가서 새로 낳아 오기라도 할 거랍디까?

그런데 세상사란 참 모를 일이어요. 세상은 공평하다는 말이 이래서 생긴 것인지. 그 아들녀석이야말로 그게 보통 아들이 아니랍니다. 아버지가 그렇게 할 소리 못할 소리 다 지껄여도 말대꾸 한 번을 하는 법이 있나 원망 한마디 하는 법이 있나. 게다가 거짓말 같은 사실은 녀석이 학교에서 반 일등도 아닌 전교 일등을 한다잖아요? 누가 보아도 참 개떡 같은 아비인데 도대체 어디에 복이 들어 저런 아들을 두었느냐고 모두들 부러워서 한숨을 토하지요.

아들녀석은 지금 고등학교 2학년인데 아비의 주사를 견디는 데에는 이젠 완전히 도가 튼 듯해요. 아버지 술 때문에 힘들지 않으냐 물으면 그저 잽싸게 책가방 챙겨 도망가면 그만이니 힘들 것 하나 없다고 해요. 새벽 2시에도 도망가고 3시에도 피해 나가는 것이 이젠 아예 몸에 밴 습관이지요.

그리고 세상에 죽으란 법은 없어요. 녀석이 아버지를 피해 언제라도 숨어 들 수 있는 친구 집이 하나 바로 근처에 있거든요. 중학교 2학년 때 짝이 된 후로 지금껏 남다른 우정으로 지내는 친구 집이지요. 고등학생이 되어 공부가 많아지면서는 아예 그 친구 집에서 살다시피 하는 것 같아요. 그 친구 아버지인 이씨는 부부가 같이 정육점을 운영하는데 참 마음씨 착하고 근면한 사람들이지요. 아들이 전교 1등하는 친구와 친하게 지내는 것을 마치 자기 아들이 1등하는 것처럼 자랑스러워해서 얼마나 웃기는지 모른답니다. 이씨네 아들은 쌍둥이인데 그중 형이 녀석의 친구지요. 두 아들들 성적이 그만한 것은 순전히 공부 잘하는 그 친구 덕이라고 이씨는 항상 자랑 자랑이어요. 영 틀린 말은 아니니 자랑할 만도 하긴 하네요.

이씨는 골목으로 창이 난 방을 아예 큰아들 방으로 내어주고 한밤중이든 새벽이든 두 녀석이 '똑똑!' 하나로 편하게 지내도록 배려해 놓았답니다. 아이들이 함께 공부하는 것을 보면 마치 아들 하나 더 생긴 것 같아 그렇게 마음 뿌듯할 수가 없대요. 그 아들 그냥 날 주면 좋겠다고 노래를 해요. 이씨 부인은 매일 아침마다 세 아이들의 도시락 여섯 개를 싸면서 콧노래를 한다잖아요. 녀석은 이미 그 집 아들 다 된 것 같기도 하네요.

"술이 웬수다. 술이 웬수야."

주씨 아들을 볼 적마다 딱한 마음으로 동네 사람들이 하는 말이랍니다. 맞아요. 술이 웬수일 뿐이어요. 그러면서 다들 기대하고 있지요. 우리 동네 개천에서 용 한 마리 날 테니 두고 보라고요.

주홍색 내 우산

오늘은 비가 와서 즐거운 날이었다.
"뭐 비가 와서 즐거웠다고? 이 장마에? 웃기는 소리 하고 있네."
여기저기에서 비웃음 소리가 들린다.
흥분하지 마시라. 사실은 비가 와서 즐거웠다는 것이 아니라 날마다 내 주홍색 우산을 쓸 수가 있어 기분이 좋았다는 말이니 꼬인 마음을 푸시기를. 그리고 무엇보다도 위의 상황은 내가 재미 삼아 만들어본 글일 뿐 실상이 아니니 널리 이해해 주시기를.
이 주홍색 우산은 원래는 큰딸이 사서 쓰던 것이었다. 내가 몇 번 예쁘다고 부러워했더니 마음 약한 딸이 그만 주고 간 것으로 값이 약간 정도 비싼 그저 보통의 우산이다. 원래 주홍색은 그 자체로 밝고 우아하지만 명도에 따라서는 좀 속되고 가벼워 보일 수도 있다. 이 우산은 우선 순수한 주홍색이 마음에 드는 데에다 너무 퍼지지 않은 모양새도 포근한 맛이 있어 처음 볼 때부터 가지고 싶은 욕심이 들었다. 딸이 보기에 그렇게 탐내는 내 눈치가 너무 빤했던 모양이다.

그동안 수많은 우산을 쓰고 다녔지만 주홍색을 가져보기는 처음이었다. 비 오는 날 길에 나가보면 대개 검은색이 많지만 나는 그렇게 어두운 색깔보다는 더럼이 좀 타더라도 밝고 연한 색깔의 우산을 좋아한다. 우중충한 날씨에도 연한 색깔의 우산 속은 밝고 산뜻한 분위기가 있어 좋다. 나는 특히 하늘색 우산을 쓸 때 그런 기분을 느낀다. 아주 가끔 쓰기는 하지만 빨간색 우산을 제일 좋아하기는 한다. 붉은 등 하나쯤 켠 듯한 빨간색 우산의 부드럽고 따뜻한 분위기는 마음을 편안하게 해주기에 여간한 끈적임에도 짜증이 덜할 수 있다. 그런데 주홍색 우산 속에서는 하늘색과 빨간색이 가진 두 가지 분위기가 다 느껴져서 좀 놀랐다. 그래서 그 우산을 무척 아끼고 좋아했다.

어려서부터도 비 오는 날을 좋아하는 내게는 습관이 하나 있다. 비 오는 날을 위해 나만의 우산을 꼭 단속해두는 습관이다. 다른 식구 손에 절대로 내어주지 않는 내 우산이 항상 비를 기다리고 있는 셈이랄까. 비 오는 날 그 우산을 펼쳐 들고 나서면 뭔가 좋은 일이 생길 것 같은 기대감에 외출이 즐겁다. 나이에 어울리지 않는 감상이라며 저쪽에서 또 비꼬는 소리가 날아온다.

"우산이 뭐 다 거기서 거기지 노인네가 호들갑은…."

그런데 내가 이렇게 나잇값 못하고 비 오는 날을 즐기는 것이 샘이 나는지 꼭 마(魔)가 끼어드는 것이 탈이다. 내 것으로 마음먹고 마련해두는 우산마다 꼭 없어지는 마다. 사실은 그 주홍색 우산도 어디론가 없어져서 속이 상해 이 글을 쓰고 있는 것이다. 우산이 없어졌다는 사실을 이번 비가 시작되면서야 알았으니 나의 소홀함이 더욱 속이 상한다.

 곁에 사는 딸네 가족이 제 집처럼 드나드는 형편에 사실 우산 같은 건 임자가 따로 없기는 하다. 손주들 등쌀에 단단히 단속해둔 내 우산도 걸핏하면 끌려 나오기 일쑤다. 나는 어느 우산이든 보이지 않으면 일단 딸네부터 다그치고 본다. 딸은 없어지는 건 다 저네 탓이냐고 볼멘소리를 하지만 나는 너희 아니면 누가 갖고 나가느냐고 일갈하곤 한다. 그래 보았자 없어진 우산은 없어진 우산이다.

 주위에서 들어보면 우산은 잃어버렸다는 사람만 있지 주웠다는 사람은 드물다. 그 많은 사람들이 잃어버리는 우산은 다 어디로 가는 것일까? 간혹 누가 잊고 두고 간 우산을 나도 발견할 때가 있지만 한 번도 가져와본 적은 없다. 설사 버린 것이라 해도 내 것이 아닌 이상 손대지 않는 것이 보통이다. 멀쩡한 우산인 경우 누가 가져다 쓰면 다행이지만 그대로 방치되었다가 쓰레기통으로 들어간다면 적잖은 손실이기는 하겠다.

 주홍색 내 우산은 지금 어디에 가 있을까? 아직은 깨끗하고 탄탄하니 쓰레기통으로 들어갔을 것 같지는 않고 색깔이 색깔이니만치 아무래도 남자보다는 어느 여자가 쓰고 있지 않을까 싶다. 정말 그랬으면 좋겠다. 그 여자가 내 주홍색 우산을, 주워온 것이라고 함부로 다루지 않는 사람이기를 바란다. 나처럼 그 색깔을 마음에 들어 하면서 아늑하고 얌전한 모양새를 알아주는 사람이었으면 더욱 좋겠다. 그래서 얼빠진 나처럼 어딘지도 모르게 놓고 다니지 말고 오래도록 잘 써주었으면 좋겠다.

 주홍색 내 우산이 있었다면 오늘같이 비 오는 날은 장화도 꺼내 신고 하다못해 시장이라도 나갔다 왔을 텐데 오늘은 그럴 기분이 아니다. 그냥 들앉아서 누가 비꼬거나 말거나 이 장마에 비가 와서 기분이 좋았다는 거짓 글이나 한 줄 써봤다. 잃어버린 내 주홍색 우산이 하도 안타까워서.

강변에는 휴식이 있다

 작은딸 네와 지척에서 살다 보니 딸이 바쁜 날은 나도 덩달아 바쁘게 마련이다. 초등학생인 손주들 수발이 내 차지가 되는 까닭이다. 이번에도 딸 부부가 집을 비울 일이 생겨 손주들이 주말 2박 3일을 내게서 지내고 엊저녁에 돌아갔다. 덕분에 주말이 좀 피곤했다.
 오늘 아침은 느지막이 일어나 아침을 먹고 가까운 한강변으로 산책을 나갔다. 월요일 오전의 강변은 그지없이 호젓했다. 시월이 내일모레라 하늘은 벌써 저만치나 높아졌고 갖가지 색깔의 과꽃과 코스모스 그리고 황금빛 금계국이 일찌감치 가을을 맞이하고 있었다. 오랜 세월만큼 친숙해진 강변에는 나의 피로회복 비법이 숨어 있다.
 사실은 비법이란 순전히 내 말이다. 강변의 나무그늘에 앉아 한동안 쉬었다 오는 지극히 평범하고 단순한 휴식시간을 내가 비법이라고 승격시켜 말하는 것이다. 비법은 우선 자주 찾는 친숙한 나무그늘 아래에다 간단히 자리를 펴는 것으로 시작된다. 나무에 등을 기대고 앉아 흐르는 물결에 시선을 맡겨둔 채 온몸으로 강바람을 느껴본다. 가져온 커피를 홀짝거리며 책을 읽다가 벌렁 드러누워 하염없이 하늘을 바라보기도 한다. 점점이 떠가는 구름에 조용히 콧노래를 띄워 보내면 세상 평화가 다 내 것인 양하다. 이것이 바로 강변에서 얻는 나의 피로회복 비법이다.

그러나 이 비법도 마음이 편하지 않은 날은 비법이 되어주지 않는다. 며칠 째 속상할 일이 있어 마음을 끓이다가 머리도 식힐 겸 휴식을 찾아 강가로 나간 날이었다. 여느 때처럼 자리를 깔고 누워서 하늘을 바라보자니 몸은 구름을 탄 듯 편안했지만 생각이 점차로 갈래를 벌이면서 복잡하게 뒤엉키기 시작했다. 시간이 갈수록 머릿속이 복잡해지면서 몸도 더 이상 편하지를 않았다. 결국 '마음이 편해야 몸도 편하지'라고 짜증을 내면서 일어서고 말았다.

사전적 의미로는 분명 육체활동을 정지하고 편안한 상태에서 쉬는 것이 휴식이다. 이 정의는 육체가 편한 상태만을 말할 뿐 마음이나 정신에 대해서는 말하지 않는다. 마음이 편하지 않으면 몸도 편하지 않다는 것은 자명한 사실이니 육체뿐만 아니라 생각까지도 쉬어야 진정한 의미의 휴식이 아닐까? 그렇게 따진다면 생각뿐만 아니라 생리적인 활동까지도 모두 정지해야 진정한 휴식이겠다. 몸이 활동을 정지하고 있을 때도 심장과 호흡은 잠시의 멈춤도 없이 움직이고 일한다. 게다가 머릿속에서는 생각들이 뒤섞이면서 한없이 복잡해지기도 하니 오히려 피곤함이 더 쌓일 수도 있다. 그러니 그날 강변에서의 나의 휴식은 분명 진정한 의미의 휴식은 아니었다.

그래도 나는 항상 강변의 자연 속에서 휴식을 얻어온다고 생각한다. 생각할 뿐만 아니라 강변의 자연 자체를 아예 휴식이라고 믿는다. 강물과 하늘과 구름 그리고 나무와 꽃과 풀들이 모두 휴식 그 자체라고 생각한다. 그런데 내가 휴식 자체라고 믿는 그들은 실상은 잠시도 변화를 멈추지 않는 그래서 휴식이라고는 아예 모르는 존재다. 무생물이든 생물이든 모든 존재는 숙명적으로 끊임없이 변화하게 마련이니 세상에 진정한 의미의 휴식이나 멈춤은 없는가 보다.

그렇다면 휴식은 공간이 아니라 시간 속에서 찾아야 하는 것일까? 한가하게 쉬는 시간은 분명 내게 휴식을 준다. 그러나 생각해 보면 시간처럼 찰나의 쉼도 없이 흐르는 존재도 없다. 공주가 잠든 동안 멈추어 주는 시간은 동화 속에나 있다. 나를 위해 다만 한 순간이라도 멈추어주지 않는 시간이 과연 내게 휴식을 주는 존재일 수 있을까?

그러면 영원한 멈춤인 죽음이 진정한 휴식일까? 드디어 완전한 휴식에 드는 것 같지만 그러나 죽은 유기체야말로 얼마나 급속히 변화해 가는가? 그리고 나는 죽음이 다음 세상으로 넘어가는 관문이라고 믿기에 죽음이 끝이나 휴식은 아니라 싶다. 이승은 물론이요 저승에도 진정한 의미의 휴식은 없는 듯하다. 진정한 휴식을 따지는 자체가 아예 무의미한 일이다. 잠시 활동을 중지하고 편안하게 육신을 쉴 수 있다면 그로써 족한 것이 휴식의 한계다. 사전적의미가 바로 말해준 것이다. 마음이 편해야 몸도 편한 것이 사실이며 그래서 몸 따로 마음 따로 다스려야 하는 것이 휴식인가 보다.

  이번 토요일에는 손주들과 함께 한강변에 나가기로 약속했다. 녀석들은 나와 함께 강가에 가는 것을 좋아한다. 할머니는 무엇이나 다 아는 줄 알고 꽃이며 풀이며 벌레 이름을 끊임없이 물어대는 통에 좀 체면을 구기기는 하지만 아이처럼 단순해지면서 마음이 휴식을 얻는 시간이다. 마음이 편하면 몸도 편한 법. 마음의 휴식이 있는 곳에 육신의 휴식인들 없으랴? 먼젓번처럼 또 마실 물을 잊지 말고 잘 챙길 일이다.

고향이 어디세요

 말씨가 이상한지 나는 가끔 "고향이 어디세요?"라는 질문을 받는다. 그럴 때마다 별 생각 없이 그저 습관처럼 함흥(咸興)이라고 대답한다. 대답은 그렇게 하지만 내 말이 함경도 말씨인 것은 전혀 아니다.
 어떤 이는 본적지를 고향이라 하고 또 어떤 이는 자기가 태어난 곳을 고향이라 한다. 어릴 때 자란 곳을 고향으로 여기는 이도 있다. 나는 본적지와 태어난 곳 그리고 자란 곳이 모두 다르다. 함흥을 고향으로 생각하는 것은 어려서 잠시 살았던 본적지인 데에다 무엇보다도 생전의 아버지께서 항상 우리 형제들에게 그렇게 이르신 까닭이다. 조상의 고향이 나의 고향인 법이니 우리 고향은 함흥이라고 하셨다.
 아버지의 그런 말씀에 의문을 가져본 적은 없다. 부모님이 모두 일찍 돌아가신 애틋함과 지금은 갈 수 없는 곳이라는 안타까움이 있어 더욱 아버지의 고향이 내 고향이라는 믿음을 가지고 있는지도 모른다.

실상 내가 태어난 곳은 우리 땅의 서북쪽 끝 평안북도 의주(義州)다. 남쪽으로 내려온 후로는 동남쪽 끝 부산에서 살았다. 함경도사람인 아버지와 서울사람인 어머니 슬하에 자라면서 집에서는 어머니를 따라 서울말을 때로는 아버지와 함경도 말을 그리고 나가서 친구들과는 경상도말을 썼다. 그렇게 시시때때로 다른 말을 구사하는 것이 그제나 이제나 내게는 아무렇지도 않은 습관이다.

학교 때는 그런 나를 친구들이 아주 재미있어했다. 대문을 들어서는 즉시 서울말로 바뀌는 내가 신기한 모양이었다. 어머니는 내가 밖에서 쓰는 말은 간섭할 수가 없지만 집에 들어오면 단단히 단속을 하셨다. 특히 어른께는 사투리를 쓰지 못하게 하셨는데 어머니는 경상도말이 반말 같아서 예의 없어 보인다고 생각하셨던 것 같다.

지금 내가 쓰는 말은 어느 지방 출신인지 가늠이 안 되는 모호한 말씨다. 그러니까 수시로 고향이 어디냐는 물음을 받는 게다. 무심결에 나오는 내 사투리를 질색하던 어머니도, 재미삼아 하는 내 함경도말을 즐거워하던 아버지도 다 돌아가신 지 오래다. 나가서 쓰는 말 따로, 집에서 쓰는 말 따로였던 내 습관도 무심해진 지 오래고 거처를 서울로 옮긴 지도 수십 년이다. 출신지가 불분명한 부자연스러운 말씨로 나는 지극히 자연스럽게 살고 있다.

이북에서 내려와 처음 부산에서 살던 때가 생각난다. 이웃 아주머니들이 일삼아 우리 집에 놀러 와서는 날더러 "또 해봐라. 그 말 또 해봐라."라면서 성화를 해서 귀찮았다. 아주머니들은 아이가 희한한 말을 쓴다며 내가 하는 함경도 말을 신기해했는데 그때 만해도 여자들이 다른 지방 사람을 만날 기회가 별로 없이 살던 시절이었다.

6·25전쟁이 터지고 피난민들이 몰려 내려온 후로는, 내 말투에 무심했던 반 아이들이 나를 피난민 아이들과 함께 싸잡아 놀려대기 시작했다. "서울내기 다마내기-." 나는 빠른 시일 내에 경상도 사투리를 익혔고 친구들의 놀림에서 벗어났다.

일제말기 서울에서 살던 어머니가 함흥에서 아버지를 만나 결혼하게 된 것은 외할아버지께서 식산은행 함흥지점장으로 부임하신 까닭이었다고 한다. 부모님은 결혼 후 수년이 지나도록 아이가 생기지 않아 기다리던 차에 아버지의 직장을 따라 의주로 가게 되었고 그곳에서 내가 임신되어 태어났다. 그래서 아버지는 자주 내게 "너는 의주 물 먹고 의주에서 생긴 의주 치야." 하셨다. 그 말에는 고명딸이 사랑스러운 만치 딸을 얻은 의주에도 의미를 두는 아버지의 마음이 담겨 있었다.

의주에서 아버지는 압록강 수풍(水豊)댐 공사 현장사무실에 근무하셨고 우리는 회사 관사에서 살았다고 한다. 어머니가 압록강 뗏목 위에서 빨래를 했다는 것으로 보아 관사는 아마도 강에서 멀지 않은 곳이었을 것이다. 썰물 때면 나를 업고 이웃 아주머니들과 함께 신발을 벗어 들고 강 건너 만주로 장을 보러 다녔다고 어머니는 늘 말씀하셨다. 거기에서 아이 머리통만한 고구마와 감자 그리고 팔뚝만한 오이를 샀다고 하셨다.

해방이 되면서 우리는 의주를 떠나 함흥 고향집으로 돌아갔다. 아기 때 떠난 내게 의주에 대한 기억이 남아 있을 리는 만무하다. 그런데도 의주라는 이름을 떠올릴 때면 무언지 모를 아릿한 그리움 같은 것이 느껴지면서 젊은 날의 부모님을 연상하곤 한다. 상상임신 같은 상상기억의 그리움이라고나 할까.

아버지가 가족을 데리고 고향을 떠나 월남하신 것은 불안한 북쪽의 정치상황을 피해서였다. 서울에 도착해서는 외가에 들어가 함께 살았는데 6·25직전에 외가와 함께 부산으로 가게 되었다. 외할아버지께서 부산 지점장으로 부임하신 연고였다. 일가붙이라고는 전무한 남쪽에서 처가를 따라 부산으로 가는 것이 아버지로서도 마음 편한 선택이었을 것이다.

성장기의 내 주위에는 항상 월남한 함경도 사람들이 많았다. 아무래도 아버지의 고향 사람들과의 왕래가 잦았던 것이다. 그런 환경에서 살면서 우리는 같은 고향 사람들이고 지금 이곳에서 살고 있기는 해도 여기가 고향은 아니라는 동류의식 같은 것이 은연중에 굳어졌으리라 싶다.

이제 나는 태어난 곳과 자란 곳의 중간쯤인 서울에서 인생의 후반부를 지내고 있다. 여러 지방 사람들이 모이는 서울에는 나처럼 출신지가 모호한 말씨를 쓰는 사람이 흔하다. 그러나 함경도 말을 쓰는 사람을 만나는 일은 아주 드물어졌다. 어쩌다 함경도 말씨를 들을 때면 나도 모르게 고향사람이라는 생각이 든다. 오랫동안 살아온 곳을 왜 고향으로 여기지 않는지는 나도 알 수가 없다. 쓰지도 않는 함경도말이 언제 들어도 반가우며 때로는 내 입에서 느닷없이 '가마치(누룽지)'나 '종간나(종의 새끼라는 욕)' 같은 함경도말이 툭 튀어나와 흠칫하곤 한다.

그러나 생각해 보면 내게 고향은 꼭 본적지만은 아니지 않을까? 태어난 곳과 자란 곳 역시 고향 같은 그리움이 있으니 말이다. 그러니까 사람들이 제2고향이라는 말을 쓰는 것일 게다. 우리 땅 안에 그리운 고향이 세 군데나 있다니 복이라면 복이다.

결혼한 큰딸이 중국에서 살고 있는 연고로 나도 중국을 왕래하는 지가 오래다. 어머니가 건너다녔던 만주지방은 아니지만 시장에 가서 아이 머리통만한 고구마를 사고 팔뚝만한 오이도 사면서 믿기지 않았던 옛날의 어머니 말씀을 떠올린다. 나를 임신하고 입덧이 심했던 어머니가 만주에서 사오는 오이로 연명했다고 하시던 바로 그 오이인 양하다.

가끔 그런 생각을 한다. 내가 태어난 의주의 그 마을이 어쩌면 중국 쪽에서 압록강 건너로 바라다 보일지도 모른다는 생각을. 발 벗고 건너다녔다는 거리가 아닌가? 마음만 먹으면 확인해보지 못할 일도 아니지만 부모님이 안 계신 이제 나 혼자 남의 나라 땅에서 내가 태어난 곳을 건너다보기는 싫다. 그저 막연하게 '통일이 되면 그때 의주로 가서 옛날의 수풍댐 관사를 찾아봐야지'라고 생각하면서 산다. 그곳에서 젊은 날의 어머니처럼 썰물에 발을 벗고 압록강을 건너보았으면 좋겠다. 물론 고향집 주소를 가지고 함흥에도 가보겠지만 지금 내 나이를 생각하면서 "글쎄다." 할 뿐이다.

그 여름이 그립다

　가전제품만큼 우리 생활을 편리하게 해주는 물건이 또 있을까? 그 편리한 문명의 기기들을 어느 날 갑자기 다 치워버린다면 어떻게 될까? 음식은 썩어나고 빨랫감은 쌓이고 밥도 해먹기 싫고 청소도 하기 싫어서 그만 살림을 다 걷어치우고 싶어질지도 모른다.
　오래전 어느 해 나는 여름휴가를 프랑스의 한 농촌마을에서 가전제품이 거의 없이 지냈던 적이 있다. 파리에 살고 있는 오랜 친구네의 시골집에서 그 가족과 함께였다. 파리에서 TGV를 타고 옛 로마의 고성(古城)이 있는 방돔(Vendome)에서 내려 승용차로 잠시 더 들어간 한적한 곳에 친구의 시골집이 있었다. 그런데 당도해 보니 뜻밖에도 그 집에는 전깃불 이외에는 전화를 비롯한 일상적인 가전제품이 거의 없다시피 했다. 핸드폰 같은 것도 아직 없는 시절이었다. 사전지식이 전혀 없이 따라간 나는 도대체

이 사람들이 이 불편한 생활을 어떻게 하는 것일까 싶어 좀 당황했다.

당분간이라는 보장이 있어 그렇기는 했겠지만 문화적 기기들이 없는 것이 뭐 그리 크게 불편한 일도 아니라는 것을 알게 되는 데에는 그리 긴 시간이 필요하지 않았다. 얼마 지나지 않아 그렇게나 긴요하게 생각했던 물건들이 먼 나라의 이야기처럼 느껴지는 것은 정말이지 참 의외였다.

가전제품이 없는 대신 친구가 많았다. 풀과 나무와 열매들이 모두 친구였지만 그보다 더 멋진 친구도 하나 사귀었다. 나의 아침은 새벽이슬을 밟으며 산책을 하는 것으로 시작했는데 항상 뒤에서 슬며시 다가와 같이 걸어주는 친구가 있었다. 덩치가 송아지만한 목장 집 개였는데 우리는 가끔 그 목장 집으로 우유를 사러 갔다. 말도 통하지 않는 외국에서 텅 빈 새벽길을 여자 혼자 걷는 것이 사실 좀 무섭기도 했는데 처음 만난 이후로 매일 곁에 붙어 따라오는 그 녀석이 얼마나 든든하고 고마웠는지 모른다.

목장 집 부인은 아주 명랑하고 친절했다. 우유를 사러 가면 크고 순한 눈을 끔벅이는 것이 어쩌면 그렇게도 젖소의 표정과 꼭 닮아 보이던지 지금 생각해도 웃음이 난다. 그녀가 담아 주는 갓 짜낸 우유는 정말이지 고소하고 맛이 좋았다.

한낮 12시경이면 어김없이 빵을 굽는 차가 천천히 동네를 지나갔다. 빵차(車)에서 울리는 명쾌한 놋쇠방울 소리가 지금도 귀에 쟁쟁하다. 빵이 필요한 날은 멀리서 들리는 방울소리를 듣고 나가서 차를 세웠다. 생김새가 코믹한 빵차 아저씨는 차 안에서 연신 구워내는 빵 냄새보다도 더 구수한 수염투성이 배불뚝이였다. 빵차가 지나간 길에는 한동안 빵 냄새가 머물렀다.

마당 한쪽에 있는 헛간에는 친구의 남편 미셸의 포도주 병이 가지런히 누워 있고 헛간 옆에 서 있는 엄청 크고 멋진 티열(tilleul:보리수 종류)나무는 수많은 참새들의 고층빌딩이었다. 친구네 가족들과 달리 내가 혼자 일찍 잠을 깨는 것은 바로 그 참새들의 합창소리 때문이었다. 친구네 가족들은 자주 듣는 소리라 그런지 그 요란한 소리에도 개의치 않고 아침잠에 빠져 있었다.

집집마다 마당에는 과일들이 익어 떨어지고 길가나 들판 곳곳에는 임자 없는 여러 가지 과일 나무가 많았지만 열매를 거두는 손길이 없었다. 우리네와 마찬가지로 그곳도 농촌에는 젊은이들이 떠나고 없어 일손이 부족했다. 자두나무가 아주 흔했는데 지천으로 떨어진 과일 주위로는 벌과 나비와 개미 그리고 또 다른 많은 벌레들이 분주히 오가고 있었다.

밭둑이나 길가에 흐드러지게 열린 베리들을 따다가 우리는 아주 많은 잼을 만들었다. 미셸이 충분하게 준비해 둔 설탕을 다 거덜 내고 담아 둘 그릇이 더 이상 없을 때까지 잼을 만들었다. 파리에 돌아가면 일 년 내내 선물용으로 쓸 것이라고 친구는 부지런을 떨었다.

지금이 몇 시쯤인지는 하늘 한 번 올려다보는 것으로 충분해서 사실 시계 같은 것은 필요하지도 않았다. 날이 밝으면 일어나고 배고프면 먹고 어두워지면 침대로 들어가면 그만이었다. 종일 해 보아야 열 대나 될까 말까한 차가 지나갈 뿐인 적막하고 고요한 마을. 사방을 둘러보아도 산이라고는 없이 들과 밀림 같은 나무숲 이 지평선을 그리는 시골마을이었다.

딱히 할 일이 정해져 있는 것도 아닌 시골생활이 지루할 듯도 하지만 어느 한 순간도 지겨웠던 적은 없다. 우리는 원래 어릴 적 부터의 친구라 옛 얘기와 추억이 넘치도록 많았다. 열여덟 살에 유학 간 후로 미셀과 결혼하고 한국방문도 없었던 친구와 편지로 만 대충 짐작하면서 지낸 세월이 오래라 서로 궁금한 얘기도 태 산이었다. 게다가 자연 속에는 우리 사연만치나 흥미롭고 신기한 얘깃거리가 많아서 지루할 틈 같은 것은 있지도 않았다.

단순한 생활에 어울리지 않게 그곳에서 나는 진정한 생명의 의 미와 목표랄까 그런 꽤 무게 있는 생각들을 했던 것 같다. 그런데 그 무거운 주제들이 전혀 크거나 무겁게 생각되지 않았던 것이 지금 생각해도 참 신기하다. 오히려 아주 쉽고 가볍게 생각되었 다. 단순한 생활은 사람의 생각을 밝고 맑게 해준다. 단순노동과 자연 속에서 발견하는 새롭고 명징(明澄)한 느낌들 속에는 기계의 편리함이나 물질에서 얻는 만족감과는 전혀 다른 그 무엇이 있었 다. 텔레비전도 전화도 그리고 세탁기나 청소기도 더 이상 내 생 활의 지배자가 아니었다. 자의에 의한 삶과 시간이 그곳에 있었고 나는 내 삶의 주인이었다. 분명 불편하지만 결코 불편하게 살지 않았던 한 달간의 여름휴가였다.

다시 한 번 그 시골집에 가서 그런 여름을 지낼 수가 있을까? 백 년이 지나도 울타리 한 자락 골목 하나 바뀌지 않는다는 그 시골 마을. 지금도 인적 드문 그 작은 웅덩이에는 낚싯대 하나 잠겨 있으리라. 진정 그 여름이 그립다.

혹시 내 탓인가

 작은딸은 연년생으로 남매를 두었는데 터울이 11개월이다. 어린애 둘을 키우는 셈이니 힘이 들지 않을 수 없다. 외할미 된 죄로 조금이나마 도움을 주려고 애쓰다가도 일 년에 아이를 둘씩이나 낳는 것이 사람이냐고 수시로 딸아이를 지청구하곤 한다.
 맏이인 손녀는 어미가 동생을 임신하는 바람에 일찍부터 어미젖을 떼고 우유를 먹고 자랐다. 임신 중에 수유를 하면 태아가 유산될 위험이 있어 태어나 3개월밖에 안 된 어린 것이 젖을 빼앗기게 되었으니 어미를 빼앗긴 것이나 진배없다. 그리 급히 둘째를 가진 작은아이 내외가 밉살스럽기도 하지만 어디까지나 저희들 안방 사정이다.
 딸이 둘째를 낳고 아직 산후조리원에서 몸조리를 하고 있을 때였다. 열흘 만에 어미를 만나러 간 손녀가 제 어미 얼굴을 잊었던 생각을 하면 지금도 가엾어서 마음이 아프다. 어미가 병원에 들어간 날부터 여러 밤을 깊이 잠들지 못하고 칭얼거리다가 나중에는 그만 단념하고 마는 것이 얼마나 애잔하던지. 그러니 어미 없이 자라는 아이들이 얼마나 불쌍한가.

어느 사이 초등학교 2학년이 된 손녀는 구김살 없이 활달한 성격이다. 어미젖을 뺏은 동생을 얼마나 사랑하는지 기특하기 짝이 없다. 커나면서 어떻게 변할지는 모르지만 손녀는 지금으로 봐서는 성격은 아무래도 제 어미를 닮은 것 같다. 예전에 제 어미가 히던 짓을 마치 보고 베낀 듯이 재현하는 것이 손녀인지 딸인지 깜빡 세월이 헷갈릴 때가 있을 정도다.

나는 딸만 둘을 낳아 키웠다. 큰딸은 내 짐작 범위를 벗어나는 일이 별로 없이 자랐지만 작은딸은 그렇지 않았다. 하는 짓마다 엉뚱하고 대담해서 소심한 어미를 경기 들게 하기 일쑤였다. 어디가 뛰어난 것인지 아니면 무엇이 모자라는 것인지 당최 가늠할 수가 없었다. 하도 단순해서 멍청한가 하면, 사물을 생판 다른 시각으로 보는 것이 예술성이 있어 보이기도 했다. 한번 하겠다고 마음먹은 일은 혼이 날 때 나더라도 꼭 하고야 말았고 매 맞는 것도 겁내지 않았다. 정 하기 싫은 숙제는 실컷 놀고 체벌로 잠깐 때우면 된다고 당당히 말했다. 별명이 호랑이인 담임선생님이 교사 20년에 이렇게 배짱 좋은 녀석은 처음이라고 혀를 내둘렀으니 오죽했으랴. 몸집이 크고 힘도 좋아 허구한 날 남학생과 치고받으며 싸우는 것도 큰 성화였다. 그때 다친 코뼈 때문에 커서 수술을 받기도 했다. 맞은 남학생 어머니의 항의전화가 하루에 두 번이나 오는 날도 있었다.

지금도 생각할 적마다 웃음이 나는 어머니가 있다. 우리 아이와 가장 자주 싸우던 남학생 Y의 어머니다. 가끔 항의전화를 하던 Y의 어머니는 농담도 잘하고 성격이 아주 활달한 사람이었다. 전화를 할 적마다 그녀는 대개 같은 말로 끝을 맺었다.

"그래, 그 집 딸 잘났대이. 나중에 우리 아들 크거든 보자."

초등학교 졸업 후로는 서로 연락이 없이 지냈는데 작은아이가 대학에 들어간 여름방학에 뜻밖에 Y어머니가 내게 전화를 했다. 내 인사말이 미처 끝나기도 전에 성질 급한 그녀가 말했다.

"그래, 그 집 딸 몇 센치나 자랐노? 이제 우리 아들하고 한판 붙어 볼래? 우리 아들 백팔십일 센치다."

손녀 얘기를 하려던 것이 그만 작은아이의 흥만 늘어놓고 말았다. 그래도 내친김에 하나만 더 말하지 않을 수 없다. 눈치는 또 어찌나 없던지 보면 보는 대로 들으면 듣는 대로 즉시 반응을 해서 어른 입장을 난처하게 만드는 것은 특히 작은아이의 장기였다. 애들이 대개 그렇지 않느냐고 하지만 우리 아이는 그런 정도가 아니었다.

유치원에서 돌아오던 어느 날 나는 보지 못했는데 작은아이가 다리를 심히 절면서 걷는 사람을 발견했다. 영문도 모르는 나를 끌고 간 딸아이가 그 사람 앞에서 딱 걸음을 멈추었다. 그리고는 검지로 그 사람의 다리를 찌를 듯이 가리키면서 말했다.

"엄마, 이 사람은 왜 이렇게 걷는 거야?"

입이 한쪽으로 돌아간 사람을 만났을 때의 얘기까지 하면 작은아이가 화낼 것 같으니 이쯤에서 끝내는 것이 좋겠다.

제 어미가 무던히 훈육하며 조심을 시키기도 하지만 손녀가 하는 짓은 아직은 그저 폭소를 터트리고 넘어갈 수준의 해프닝에 불과하다. 유치원에 다닐 때는 아이들이 근처에도 잘 안 가는 엄한 원장선생님에게 "원장선생님, 이 예쁜 옷 얼마 주고 샀어요?"라고 묻고, 엘리베이터 안에서는 앞에 선 어떤 아가씨에게 느닷없이 "언니, 이 신발 어디서 샀어요?"라고 묻는 정도다. 그런데 그렇게 물을 때 아이의 표정이 얼마나 진지하고도 적극적인지 원장선생님은 가격을 꼭 말해줘야만 될 것 같더라 하고 그 아가씨 역시 몹시 당황한 얼굴로 백화점에서 샀다고 우물거리며 대답하지 않을 수가 없다. 이런 정도는 그래도 그 나이 때의 제 어미에 비하면 양호한 편이다.

작은아이는 딸을 데리고 외출할 때 좀 특이한 상황이 있다 싶으면 잽싸게 아이의 시선을 가로막거나 주의를 다른 데로 돌린다. 어떤 상황이 아이를 엉뚱한 방향으로 튀게 하는지 작은아이는 백발백중 알고 있는 것 같다. 옛날의 나처럼 놀라거나 당황하는 법 없이 여유롭게 아이를 견제하고 제어한다. 내가 저를 키우면서 수없이 헤맸던 것에 비하면 훨씬 수월하게 딸을 키우고 있는 셈이다.

생각은 기발하다 못해 괴이하고 말이나 행동은 즉흥적이다 못해 돌발적인 아이. 아이답게 순수하고 성격이 시원시원하다 싶다가도 앞뒤 생각 없이 뛰는 것을 보면 당최 마음이 안 놓이는 두 명의 딸아이. 웃어야 할지 화를 내어야 할지 분간이 안 되는 이런 딸이 대를 물려 태어나는 것은 혹시 내 탓인가? 작은아이는 요즘 자주 내게 눈을 흘기며 말한다.
"엄마가 만날 날더러 시집가서 꼭 너 닮은 딸년 낳아 키우라고 하니까 저런 애 나왔잖아요."
"왜, 걔가 어디가 어때서."
"얻어맞은 남학생들 집에서 전화 온단 말이어요!"

내 귀는 모노포니

"내 귀는 모노포니/ 먼 스테레오 소리를 그리워한다."
 내게 모든 소리는 왼쪽에서만 온다. 오른쪽으로는 아무 소리도 들리지 않는다. 그래서 평생을 혼자 일해 온 내 왼쪽 귀를 모노포니(monophony: 단음악)라고 말해본 것이다. 스테레오 소리를 그리워한다는 것도 실은 궁금해 한다고 말해야 옳다. 열 살 이후로 한쪽귀로만 들어온 내게 스테레오 음향에 대한 그리움 같은 것이 있을 리는 없을 테니 말이다.
 초등학교 3학년 때 뇌염을 앓은 후유증으로 내 오른쪽 귀는 평생 깜깜절벽이 되었다. 그런데 음악을 들을 때면 가끔 궁금한 생각이 든다. 양쪽 귀로 듣는 스테레오 음악의 느낌은 어떤 것일까 라는 생각이다. 한쪽귀로만 들으면 소리의 방향을 가늠하기가 어렵다. 그러나 듣는 데에는 큰 차이가 없을 것이라 하니 쓸데없는 궁금증이기는 하다.

평생을 혼자서 두 몫을 감당해온 내 왼쪽 귀는 이젠 많이 지친 것 같다. 일찌감치 가는귀를 먹기 시작한 데에다 난청이 심해지면서 이즈음은 일상대화에도 불편을 많이 느낀다. 주위에 약간의 소음만 있어도 바로 옆 사람의 말도 잘 알아듣지 못하는 것이 원래 내 귀의 약점인데 이젠 나이가 한 수를 더 보태고 있다.

나는 대화를 하거나 강의를 들을 때 소리도 소리지만 말하는 이의 입을 자세히 보는 습관을 가지고 있다. 입을 보지 않고 소리만 들으면 수시로 한 마디씩 실종되거나 생판 다른 말로 들리는 바람에 이해나 대화에 구멍이 뚫리곤 한다. 학교에 다닐 때는 걸핏하면 상대의 말을 잘못 알아들어 실수를 하거나 엉뚱한 대답으로 생뚱맞게 뒷북을 쳐서 좌중을 웃음바다로 만들곤 했다. 그럴 때는 영락없이 바보가 된 것 같아 속이 상했다.

오른쪽 소리를 못 들어 친구들로부터 수시로 지청구를 받고, 잘못 알아들어 딴 짓을 하는 바람에 정신 나간 사람 취급을 받기도 예사였다. 특히 학교에서 일 년에 한 번 신체검사를 하는 날은 결석하고 싶은 날이었다. 청력검사를 하려면 선생님이 의자에 앉은 학생의 뒤에 서서 양쪽 귀에 번갈아 시계를 갖다 대었다. 그럴 때 내가 웃기는 짓을 한다고 이미 소문이 나있어서 내 차례가 될 무렵이면 청력검사 코너에는 아이들이 흥미진진한 표정으로 모여들게 마련이었다. 선생님이 여러 번 이쪽저쪽으로 시계를 갖다 대어도 나는 알맞은 때에 손을 들 수가 없었다. 한참을 시계소리가 들리지 않는다 싶으면 무작정 오른손을 들기도 했다. 그러자면 아이들의 폭소와 함께 선생님의 꾸지람이 떨어졌다.
"너 이 녀석! 장난하지 말고."
그 장난 아닌 장난을 고등학교를 졸업하도록 계속했다. 아이들에게는 악의 없는 잠시의 재밋거리였지만 소심한 내게는 매번 상처가 되었다.
걸핏하면 말을 잘못 알아들어 실수를 하다 보니 차차로 남 앞에 나서거나 대화에 끼어드는 일을 피하게 되었다. 여러 사람 속에 있을 때는 될 수 있는 한 한쪽으로 물러나 조용히 상황을 살피는 것이 평생의 내 습관이다. 시선을 끌거나 주목을 받아서 본의 아니게 대화에 끼어들었다가 또 실수를 하게 될까봐 항상 조심했다. 천성이 내성적이기도 했겠지만 귀의 약점이 더해져서 소극적인 내 성격형성을 더 부추겼을 것이라 생각한다. 지나친 소극성으로 자신을 위축시킨 지난날에 새삼 안타까운 마음이 들지만 다 돌이킬 수 없는 과거다.
말하는 사람의 말과 입모습을 신속히 조합하고 이쪽저쪽 눈치까지 재빨리 합산하느라고 나는 남이 다 웃는 시점에 알맞추 웃어본 적이 별로 없다. 그렇게 이중삼중의 스테레오를 유지해야하는 대화라는 작업에 이젠 나도 지쳤다. 정확히 알아들어야 한다는 강박증 같은 부담감이 짜증스러워 이젠 아예 듣기 자체가 싫어진 듯하다.
참여하던 모임을 거의 정리하고 조용히 사는 이즈음에는 그런 짜증도 잊었다. 나이 먹으면 배짱도 늘게 마련이다. 지금은 내 동문서답에 좌중이 폭소를 터트려도 별로 당황하지 않는다. "네? 뭐라고요? 네? 네?" 여러 번 되묻는 나를 상대가 귀찮아하는 눈치여도 별로 속상해하지도 않는다. 어차피 피할 수 없는 내 몫의 부담을 그냥 눙치고 지나가면서 나이가 주는 배짱과 여유를 고마워한다. 어딘가 약간 모자라는 사람으로 보일 수도 있겠고 자칫 늙은이 주책쯤으로 여겨질 수도 있겠지만 그도 별로 마음에 두지 않는다.

 그렇다고 해서 주눅 들며 지나온 내 삶이 후회스럽거나 드러나게 못났다고 생각하지는 않는다. 때때로 좀 불편했을 뿐이다. 그래도 왼쪽 귀가 혼자서도 거뜬히 임무를 다해주었으니 내 능력껏 사는 데에 큰 지장은 없었다.

 이제 남은 내 노년은 왼쪽 귀를 위한 휴식의 시간이다. 들리는 것만 듣고, 듣고 싶은 것만 들어도 별 지장이 없는 생활. 잠시 몇 마디 주고받는 것도 여러 번씩 되물어야 하는 불편함이 없는 생활. 새롭고 편안한 휴식의 시간이다. 들으려고 애쓰지 않아도 되는 일상이 이리도 자유로울 줄이야. 귀도 편하고 나도 편한 모노포니로 산다.

봄이 오는 강변에서

　한강둔치로 산책을 나갔다. 마음만 먹으면 언제라도 강을 만날 수 있는 곳에 산다는 것은 얼마나 고마운 일인가. 이미 봄기운을 머금은 강바람이 벗인 양 다정하게 얼굴을 간질였다. 흐르는 강물은 언제 보아도 항상 새로운 정감으로 다가온다. 마음이 즐거운 날은 강물도 내 마음을 따라 우쭐거리고 우울한 날은 짙은 음영을 안고 조용히 가슴 속으로 흘러든다.
　아직은 겨울추위의 끝자락이 매운데도 둔치에서는 벌써 봄을 준비하는 화단정비작업이 시작되고 있었다. 여기저기 여인네들이 모여 앉아 작업을 하는 것을 보니 문득 우리 건넛집 아주머니가 저 속에 있을지도 모른다는 생각이 들었다. 혹시나 싶어 시선이 그쪽으로 갔지만 그러나 하나같이 모자에 가려 얼굴을 알아볼 수는 없었다.
　아들 하나를 데리고 일찍 혼자 된 그 아주머니는 맞벌이를 하는 아들 내외와 함께 살면서 세 살 된 손녀를 맡아 키우고 있다. 그런데 작년 가을에 아들이 실직을 했고 두어 달 후 며느리가 느닷없이 집을 나가버렸다. 요즈음은 아주머니가 틈틈이 폐지도 모으고 한강변의 취로사업장에도 나가면서 생활비를 보태는 눈치다. 내가 얼굴을 알아보는 것이 어쩌면 그녀에게는 당혹스러운 일일지도 모르겠다 싶어 얼른 시선을 거두고 발길을 재촉했다.

봄기운이 느껴지니 하마나 일찍 핀 봄꽃이 있을까 걸음을 멈추고 마른 잔디 사이를 살펴보았다. 아니나 다를까, 군데군데 노란 꽃다지가 작은 얼굴을 내밀고 있었다. 강변의 봄맞이는 꽃다지가 가장 먼저구나 싶어 기특한 마음으로 작은 꽃송이들을 쓰다듬어보았다.

"이거, 꼬이야?"

퍼뜩 놀라 돌아보니 어느새 다가왔는지 방한복으로 온몸이 동글동글한 너덧 살쯤의 여자아이가 손가락으로 꽃다지를 가리키며 내 옆에 쪼그리고 앉았다. 마음먹고 찾지 않으면 잘 보이지도 않게 풀숲에 숨은 꽃다지가 키가 낮은 아이 눈에 용케도 보였던 모양이다.

"그래 아가야 여기 예쁜 꽃이 있지? 꽃다지란다 꽃다지."

"꼬따?"

아이에게 꽃을 찾아 보여주고 있는데 갑자기 "소영아." 하는 여자의 날카로운 목소리가 날아왔다. 한 젊은 여자가 신경질적인 걸음과 표정으로 바삐 다가오더니 잔뜩 흘긴 눈으로 나를 일별하고는 아이의 손을 잡아채어 끌고 가버렸다. 세상에! 아무려면 내가 유괴범으로라도 보였단 말인가 싶어 순간 좀 당황했다. 아이가 얼른 눈에 보이지 않아 놀랐을 어미의 심정을 헤아리며 잠시 상했던 마음을 누그렸다.

벤치에 앉아 반짝이는 강물을 바라보고 있자니 자전거를 탄 한 남자가 천천히 내 앞을 지나갔다. 자전거 뒷자리에 연장이 실린 것으로 보아 아마도 둔치에서 정비작업을 하는 사람인 듯했다. 문득 작년 여름의 어느 날이 떠오르면서 저만치 가고 있는 자전거 뒤를 물끄러미 바라보았다.

지난여름 장마철이던 그날 대기는 열탕처럼 후끈거리고 하늘은 무너져 내릴 듯이 무겁게 흐려 있었다. 소나기라도 한 줄금 쏟아지면 그대로 시원히 맞아 주리라 기대하면서 우산 없이 강가로 나갔다. 사람 그림자 하나 없는 빈 산책로는 금을 그어 놓은 듯 고요하고 내려앉은 하늘의 무게에 눌려 강물은 정물처럼 누워 있었다. 온통 칙칙하고 눅눅한 풍경이 느린 화면으로 나를 향해 마주 오는 듯한 착각이 들었다. 슬로모션으로 상영되는 영화의 한 장면 속으로 내가 흐느적거리며 걸어 들어가고 있었다. 발걸음은 물론이고 숨도 멈추어야 할 것 같은 답답함이 목구멍까지 차올랐다.

그런데 정지화면 같은 풍경 속에서 어느 순간 신기하게도 자전거 한 대가 천천히 미끄러져 나오고 있었다. 그러자 막힐 듯 답답했던 숨통이 겨우 트이면서 큰 숨을 한번 몰아쉬었다. 멀리서 보니 자전거에는 한 흑인남자가 앉아 있었다. 한강변에서는 운동하러 나오는 외국인들을 자주 볼 수가 있다. 그런데 그 사람은 흑인 치고도 유난히 새까매서 모자 밑이 먹으로 지운 듯 완전히 깜깜 절벽이었다. 근처까지 왔는데도 눈 코 입을 전혀 분간할 수 없다는 사실이 코믹해서 순간 속으로 약간 웃었다. 그런데 바로 앞에 왔을 때 보니 놀랍게도 그는 흑인이 아니라 그저 우리의 보통 남자였다. 잠깐씩 자전거를 멈추고 화단에서 뭔가를 주워 뒤에 실린 자루에다 담는 것을 보니 둔치를 관리하는 사람이 분명했다.

피부가 저리 되도록 일하는 사람도 있고 그 덕에 아름다운 꽃을 즐기며 산책하고 운동하는 사람도 있다는 이율배반이 잠시 짠하게 갈등처럼 지나갔다. 그 후 어느 날 또 한 번 모자 밑이 캄캄한 남자가 작업용 자전거를 타고 가는 것을 보았다. 그러나 그가 전에 보았던 그 사람인지 아니면 또 다른 사람인지는 알 수가 없었다. 바로 눈앞까지 와도 눈이 어떻게 생겼는지 입이 예쁜지 미운지 전혀 구별할 수가 없었으니까. 그러나 아마도 그 사람이 그 사람일 것이다. 아무렴 그렇게까지 그을린 사람이 또 있기야 하랴.

돌아오는 길에 보니 작업하는 여인들이 훨씬 저쪽으로 옮겨가 있었다. 이만 정도의 봄볕이면 일하기에 춥지는 않겠다고 생각하면서 이런 저런 상념을 기원처럼 강물에 띄워 보냈다. 이 따스한 봄볕이 건넛집 그 아주머니의 며느리 마음에도 스며들어 제발 어린 딸에게로 돌아와 주기를. 그리고 이 얼어붙은 경제도 봄날 따라 풀려서 아주머니의 아들이 직장을 구하기를. 그리고 엄마들이 안심하고 아이를 집밖으로 놀러 내보낼 수 있는 사회가 되기를 간절히 기원했다. 얼굴이 너무 까맣게 탔던 그 둔치관리인도 올해는 일찍부터 햇빛차단크림이라도 바르면서 그토록 그을리지는 말았으면 좋겠다. 짠한 마음 같아서는 내가 크림 한 통 사다 주고도 싶지만.

2.

피파의 노래

 드물게 잘 자고 일어난 기분 좋은 아침. 7시가 조금 넘었다. 5월의 따사로운 기온과 어제 내린 비로 알맞아진 습도가 지난밤의 내 잠을 도와주었나 보다. 요크셔테리어 두 마리가 달려와 반갑게 몸을 비벼댄다. 나도 모르게 무언가 감사하고 싶은 마음이 솟아나는 맑고 따뜻한 봄날 아침이다.
 이런 날은 로버트 브라우닝(R. Browning 1812-1889 영국)의 「아침의 노래」가 저절로 떠오른다. 브라우닝도 아마 나처럼 꼭 이런 아침을 맞이했던가 보다. 평화로운 봄날 아침을 어쩌면 그리도 간결하고 투명하게 표현할 수가 있었을까? 시인의 감성이 햇살처럼 빛나 보인다.

아침의 노래

계절은 봄
하루 중 아침
아침은 일곱 시
진주 같은 이슬 언덕 따라 맺히고
종달새는 창공을 난다
하느님은 하늘에
이 세상 모든 것이 평화롭다.

잘 알려져 있는 이 시는 브라우닝의 극시(劇詩) 「피파가 지나간다」의 서두 부분으로 일명 '봄의 노래'라고도 불린다.
극시의 주인공인 피파는 베니스의 한 실크공장에서 일하는 가난한 아가씨. 오늘은 일 년에 단 하루뿐인 휴가 날이지만 가난한 그녀에게는 휴가계획 같은 것도 없다. 그래도 그녀는 무언가 모를 기대감에 부풀면서 아름다운 '아침의 노래'를 부른다. 그녀는 휴가 날이 화창하고 따뜻하다는 사실 하나만으로도 감사하는 순수하고 마음씨 착한 소녀다. 지금은 비록 가난하고 힘들지만 그러나 앞날에 대한 꿈이 있기에 그녀는 행복하다. 피파는 그 동네에서 가장 부유한 네 사람의 집 앞을 차례로 지나면서 부러운 마음을 노래한다. 막강한 권력과 부를 지닌 그 네 사람이야말로 이 세상에서 가장 행복한 사람들일 것이라고 믿으면서.
그러나 피파가 모르는 사실이 있다. 그 네 사람은 누구보다도 큰 욕망과 죄악을 숨기고 사는 죄인들이기에 결코 행복하지 못하다는 사실이다. 피파가 모르는 사실이 또 있다. 그들이 위안과 행복감을 느끼는 것은 부와 권력이 아니라 가난한 피파의 마음에서 우러나오는 순수하고 맑은 노래라는 사실이다. 그들은 천사 같이 착한 피파의 노래를 들으면서 위선과 죄악에 찬 자신을 돌아본다. 그리고 참회하면서 새로운 삶을 살기로 결심한다. 순정한 자신의 모습이 다른 누군가에게 인생의 큰 전환점이 되었다는 사실을 모르는 채로 피파는 귀한 하루의 휴가가 덧없이 저무는 것을 쓸쓸해 한다.

맑은 봄날이라는 사실 하나만으로도 감사할 수 있는 피파에게는 물질적 부족이 그리 큰 문제가 되어 보이지 않는다. 가난한 현실을 한탄하기보다 지금 가진 것을 감사하는 마음에는 분명 여유와 부유함이 있기에 피파에게는 천금을 주어도 사지 못할 평화가 있다. 가진 것이 많은 그녀는 감사할 것도 많다. 하루의 휴가와 맑고 따뜻한 햇볕을 감사하고 종달새 높이 뜬 아침과 꿈을 키워 나가는 자신의 나날을 감사한다. 무엇보다도 그 모든 좋은 것을 주시는 하느님께 깊이 감사한다.

아침 이슬이 아무리 반짝여도 그리고 5월의 맑은 종달새 소리가 아무리 아름다워도 그 네 명의 부자가 그런 것에서 행복감을 느낄 것 같지는 않다. 재물은 실망을 주었고 권력은 절망을 안겨 주었을 뿐이라고 그들은 한탄한다. 욕심은커녕 감사할 것만 많은 피파에게야 무슨 실망이나 절망이 있으랴.

피파를 얘기하자니, 전쟁을 겪으면서 어렵게 살았던 우리의 어린 시절이 생각난다. 5학년 때 내 짝이었던 자야와 또 한 친구 숙이는 초등학교를 졸업하고 곧바로 방직공장 공원이 되었다. 그때는 그 나이에도 공장으로 돈 벌러가는 여자아이들이 있었다. 어쩌다 길에서 만나는 나를 피해가던 그 친구들이 무척 마음 아프기는 했지만 그렇다고 그녀들이 불행해 보인다고 생각하지는 않았다. 오빠나 남동생의 학비를 보태면서 부모님의 힘을 덜어준다는 자부심으로 그녀들의 표정은 오히려 빛나보였다고 말하는 것이 옳다. 그녀들이야말로 희망을 노래하는 그 시대의 우리의 피파였다.

철없는 내 눈에도 불행해 보인 피파가 있었다. 여섯 아이 밥 굶기기에 지친 엄마가 맏딸을 권번에 보내 기생이 된 우리 반 친구 금이다. 권번 근처를 지나려면 가끔 제 키보다 긴 가야금을 안고 가는 금이를 보게 되었다. 나를 피해 어른 기생들 뒤로 숨어가던 열다섯 살의 금이. 그 가엾고 곱던 얼굴이 지금 생각해도 눈물겹다.

언제 끝날지 모르는 경제 불황에 시달리고 있는 지금 우리에게는 그런 피파가 없을까? 평일 한낮에 한강둔치에 나가보면 혼자 앉아 시간을 죽이는 젊은이들이 자주 눈에 띈다. 오늘 우리의 피파들에게는 일할 수 있는 실크공장조차 없다는 말인가 싶어 가슴이 답답해진다. 저 피파들은 누구의 집 앞을 지나면서 부러움의 노래를 부를까? 극시처럼 부와 권력을 가진 사람들일까? 그런데 우리의 부와 권력을 가진 사람들 중에는 극시 속의 부자들처럼 저 피파의 노래에 귀를 기울일 사람이 있을 것 같지 않다. 극시는 극시일 뿐 서글픈 현실이다.

 이 세상 모든 것이 평화롭고 감사하다고 노래한 극시 속의 피파는 틀림없이 꿈을 성취했을 것이다. 내 어린 날의 피파들이 지금도 내 주위에서 편안한 삶을 누리고 있는 것처럼. 오늘 우리의 피파들에게 극시 속의 피파의 노래를 들려주고 싶다. 가지지 못한 것을 한탄하기보다는 지금 가진 것을 감사하는 아침의 노래, 꿈을 잃지 않는 희망의 노래를.

다치고 싶어 다치겠느냐

목욕탕 바닥재는 으레 매끈매끈한 타일이다. 미끄러져 다치는 사고가 흔한데도 공중목욕탕은 물론이고 가정의 화장실바닥도 대개는 매끄러운 타일 일색이다.

목욕탕의 타일 바닥에 불만을 가지게 된 것은 전에 집 화장실에서 미끄러져 손목을 깁스하고 한여름을 고생하면서부터다. 그후로 남달리 조심을 한다고 하는데도 이번에 또 공중목욕탕에서 미끄러져 넘어지는 사고를 저질렀다. 입술은 터져 나발이 되고 얼굴이 온통 먹칠을 해놓은 듯하니 세상에 이런 끔찍한 꼴은 보다보다 처음이다. 상황을 아무리 되짚어보아도 전혀 미끄러질 이유가 없었으니 그 순간 무슨 귀신이라도 씌었나 싶기만 하다.

사실은 나는 목욕탕뿐만 아니라 멀쩡한 길에서도 맥없이 넘어져 깁스를 한 적이 한두 번이 아니다. 굽이 높은 신발을 신는 것도 아니고 걸음이 급하거나 한눈을 파는 습관도 아닌데 도대체 어디에 문제가 있어 툭하면 넘어져 다치는지 당최 모를 일이다.
 사실은 영 모를 일이 아니기는 하다. 나는 운동신경이 둔해서 운동이란 운동은 모두 젬병인 데에다 평형감각이 부족해서 작은 충격에도 중심을 잃고 비틀거리거나 잘 넘어진다. 게다가 순발력이라고는 없어서 넘어지는 순간에도 아무런 대책 없이 그저 생긴 대로 넘어간다. 신체에 없는 운동신경과 순발력은 두뇌에도 없는지 몸이 위급한 순간에도 내 머리는 땅- 하고 있다가 넘어지고 난 다음에야 "아차!" 하고 뒷북을 친다. 순간대처능력이라고는 전혀 없는 두뇌와 신체다.
 이번 경우만 해도 그렇다. 약간의 순발력이라도 있었다면 엎어지는 순간 얼굴을 좀 쳐들든지 손이라도 먼저 짚었을 것이다. 그랬다면 막대처럼 엎어지면서 얼굴부터 정면으로 짓찧지는 않았을 것이다. 코가 깨어지지 않은 것이 그나마 다행이다. 하기야 손을 짚었으면 먼젓번처럼 또 손목이 상했을 일이지만. 이렇게 순발력 없는 두뇌로 학교 때 공부는 어찌 했던지 모르겠다.
 두뇌의 순발력과 몸의 순발력은 서로 일치하는 것일까? 꼭 그렇지만은 않겠지만 몸이 날렵하고 재치가 있는 사람들을 보면 대개 두뇌가 명석해 보이기에 하는 말이다. 몸이든 두뇌든 어느 한 쪽이라도 순발력이 있다면 이리 자주 다치고 다니지는 않을 것이라 싶어 좀 자괴감이 든다.
 나는 재치와 순발력이 뛰어난 사람이 정말이지 부럽다. 부러움을 넘어 아예 존경한다. 특히 인도의 성자 간디는 명석한 두뇌도 두뇌지만 그 재치와 순발력으로도 내가 가장 부러워하고 존경하는 인물이다. 그의 뛰어난 명석함과 순발력에 관련된 재미있는 일화가 많이 남아 있다.

어느 날 간디는 시간이 촉박하게 기차역에 도착했다. 그는 이미 출발한 기차에 겨우 올라탔는데 그 순간 그만 한쪽 신발이 벗겨져 플랫폼에 떨어지고 말았다. 그러자 간디는 신고 있던 한쪽 신발을 잽싸게 벗어 떨어진 신발 쪽으로 내던졌다. 옆 사람들이 깜짝 놀라며 왜 신발을 마저 벗어 던지느냐고 묻자 간디가 말했다.

"만약 가난한 사람이 저 신발을 한 짝만 줍는다면 무슨 소용이 있겠소."

그 짧은 순간마저도 놓치지 않고 번쩍인 성자의 인간애와 순발력이 참으로 놀랍다. 적소적시에 대응하는 순발력뿐만 아니라 유머감각까지 탁월한 그는 기지와 재치도 남달랐는데 특히 영국 유학 시절 그의 담당교수였던 피터스 교수와의 실랑이는 유명하다.

피터스는 유색인종을 극도로 싫어하는 사람이었다. 그는 유색인종인 주제에 빳빳이 고개를 들고 다니는 간디를 무척 못마땅해 했다. 어느 날 식당에서 빈자리를 찾지 못한 간디는 결국 피터스 교수의 옆 자리에 앉게 되었다. 그러자 식사를 하던 교수는 그만 밥맛이 뚝 떨어져 말했다.

"간디 씨, 아직 잘 모르는 모양인데 돼지와 새가 함께 앉아 식사하는 경우는 없지요."

"아, 걱정 마세요 교수님. 제가 얼른 다른 곳으로 날아가겠어요."

복수심에 불탄 교수는 이번 시험에서 꼭 너를 엿 먹이고 말리라 결심했다. 그런데 간디가 아주 훌륭한 리포트를 제출하는 바람에 교수의 의도는 만사 꽝이 되고 말았다. 속이 뒤틀린 교수가 간디에게 물었다.

"간디 씨, 당신이 만일 길을 가다가 돈이 가득 든 자루와 지혜가 가득 든 자루 두 개를 발견한다면 어느 것을 줍겠어요? 꼭 하나만 주워야 한다면?"

"그야 물론 돈 자루지요."

"그래요? 나라면 지혜를 택했을 것이오."

"그야 뭐, 각자 자기가 가지지 않은 것을 택하지 않겠어요?"

피터스 교수는 증오로 이를 갈며 히스테릭 상태에 빠지고 말았다. 그는 간디의 시험지에다 신경질적으로 갈겨썼다. 'idiot!(멍청이)' 시험지를 받으러 간 간디는 교수의 히스테리에 정점을 찍었다.

"교수님, 여기 제 시험지에 점수는 안 적혀 있고 교수님 사인만 있는데요."

그나저나 간디는 학점을 제대로 받았을까? 피터스 교수가 간디의 학점취득에 불이익을 주었다는 소문은 없는 것으로 보아 아마도 그는 외골수인 만치 공사분별이 정확한 사람이 아니었을까 싶다. 그의 지독한 편협함이 오히려 공정성을 유지하는 데에 도움이 되었을지도 모른다는 말이다. 피터스 교수의 소문난 편협함도 그렇게 중히 쓰이는 데가 있다면 순발력이라고는 없는 내 몸과 두뇌는 어디에서 그 쓸모를 찾아야 할까?

운동신경은 둔하고 두뇌는 아둔한 데에다 이젠 나이까지 보탰다. 더 둔하고 더욱 느리고 더 자주 다칠 가능성만 남은 나는 이제 아이들의 큰 걱정거리가 되었다. 믿음직하고 편안했던 어미가 조마조마하니 불안한 존재가 된 것이다. 오늘도 나는 불만을 씹으며 조심조심 발을 내딛는다.
"나는 어찌 이리 운동신경이 둔하고 순발력이 없을까? 목욕탕 바닥은 또 왜 이리 미끄러운 것인가? 도로에는 왜 이리 내 걸음을 방해하는 것이 많으냐고!"
세상만사 조심해서 나쁠 것은 없으니 땅바닥 조심에 발걸음 조심 그에다 생각도 조심 말도 조심 그저 자나 깨나 몸조심할 일이다. 다칠 적마다 딸은 그렇다 쳐도 사위들 보기가 얼마나 부끄럽고 민망하던가? 손자 녀석과 다치기 경쟁이라도 벌일 생각이 아니라면 이렇게 자주 사고를 내서는 안 된다. 사실은 나는 지금도 큰소리로 외치고 싶다.
"이것들아! 난들 다치고 싶어 다치겠느냐? 나만큼 조심하면서 사는 사람 있으면 나와 보라고 해!"

또 하나의 아름다운 악기

 음악을 좋아하지 않는 사람은 별로 없으리라. 직접 악기를 연주하지는 못하더라도 듣는 것을 좋아하고, 꼭 훌륭한 목소리가 아니어도 노래 부르기를 좋아하는 것을 보면 사람은 천성적으로 음악을 좋아하는 존재인 것 같다.
 사람들은 언제부터 음악을 알게 되었을까? 학자들은 음악이 고대원시사회에서부터 있어왔다고 말한다. 사회학자들은 원시사회에서 공동노동을 돕기 위해 음악이 생겼다고 주장하고, 언어학자들은 새소리를 흉내 내는 과정에서 자연발생적으로 생긴 것이 음악이라고 주장한다. 한편 종교음악 연구가들은 음악은 인간의 종교와 역사를 같이 한다고 말하는데 개인적으로 나는 이에 공감하는 편이다.
 과학의 개념이 전혀 없는 원시사회는 자연현상에 대해 엄청난 두려움을 가지고 있었을 것이다. 그 두려움을 극복하기 위해 그들에게는 현실을 뛰어넘는 어떤 절대적인 존재가 필요했고 그로 인해 신을 갈망하게 되었다고 학자들은 말한다. 절대자를 믿고 싶은 마음이 신에게 예(禮)를 바치는 형식으로 발전되었을 것이고 평소에 쓰는 언어와는 구별되는 그러면서도 어딘가 신비감이 있는 언어로 절대자에게 경배했을 것이 당연하다. 그 언어가 바로 음악의 시작이라는 것이 종교음악 기원설이다. 그런 의미에서 본다면 신에게 바치는 언어로 음악보다 더 좋은 도구는 달리 없으리라 싶다.

나도 음악을 좋아한다. 악기 하나쯤 직접 연주할 수 있다면 더 좋겠지만 그러나 내게는 듣는 것만으로도 충분히 좋은 것이 음악이다. 주로 기악곡을 많이 들어왔는데 나이 들면서는 성악곡도 좋아졌다. 사람은 젊어서는 사물에 더 관심을 갖고 나이 들면 사물보다 사람에게 더 관심을 갖게 된다는데 그래서 그런 것일까?

성악곡의 악기는 사람의 목소리다. 그런데 언젠가 나는 사람은 목소리뿐만 아니라 그 존재 자체로도 아름다운 악기가 될 수 있다는 생각을 했던 적이 있다. 여학생 시절에 어느 음악인을 보면서였다. 지금은 고인이 된 미국의 흑인 소프라노 마리안 앤더슨(1897~1993)의 연주회에서 그런 생각을 했다.

6·25전쟁 중에 주한미군을 잠시 방문한 적이 있는 마리안 앤더슨이 정식으로 우리 무대에 선 것은 1960년대 초였다. 그 시절 우리는 콘서트홀이라는 이름은 들어본 적도 없었고 모든 연주회는 으레 극장에서 열리게 마련이었다. 청중은 음악회가 난생처음인 사람이 대부분이었다. 영화 상영 중에 정전(停電)이 되기가

다반사인 시절이라 마리안 앤더슨이 한창 노래를 부르고 있는 중에도 역시 정전이 되고 말았다. 연주는 잠시 중지되었고 그런 비상시를 위해 곳곳에 매달려 있는 가스등에 재빨리 불이 밝혀졌다.

등불을 밝혔다고는 하지만 무대는 어둡고 칙칙했다. 그런데 마리안 앤더슨이 다시 나와서 서고 보니 흰 드레스의 그녀와 음영 짙은 무대가 뜻밖에도 그렇게 신비로운 조화를 이룰 수가 없었다. 그녀가 흑인이 아닌 백인이었다면 아마도 그런 분위기가 나오지는 않았을 것이다. 성량 좋은 저음이 "Deep river…." 울려 퍼지기 시작하자 극장 안에는 소름 끼치는 전율이 흘렀다. 소프라노에 못지않게 알토도 훌륭한 그녀의 저음을 따라 가스등의 유리 등피가 드르르- 울렸다는 사실은 그 진위에 상관없이 유명한 일화로 남았다.

검은 피부에 흰 드레스로 어두운 무대에 선 마리안 앤더슨. 그녀는 그 모습 자체로 한 장의 흑백예술사진이었고 믿을 수 없을 만큼 아름다웠다. 겉모습으로 말한다면야 결코 예쁘지도 젊지도 않은 흑인 여자를 어떻게 믿을 수 없을 만큼 아름답다고 말할 수가 있으랴. 한 흑인여자의 흑백사진이 그토록 아름다운 그림으로 사람들의 가슴에 남게 된 것은 그날의 무대 분위기나 음악 때문만은 아니었다.

마리안 앤더슨은 온몸을 통해 겸손이 묻어나는 사람이었다. 인종차별이 극심한 미국에서 흑인 소프라노로 성공하기까지 얼마나 많은 인내와 고통을 겪었을지 쉽게 짐작이 가는 시절이었다. 그녀의 눈빛과 미소는 깊고 따뜻했으며 겸손한 몸가짐은 조용하고 자연스러웠다.

그 얼마 전에 같은 무대에서 미국의 젊은 백인 테너의 연주회가 있었다. 수준 낮은 청중의 감상태도에 당황한 그가 실망스러운 모습을 보여주어 상당부분 섭섭했던 것이 사실이었다. 청중처럼 젊은 테너 역시 아직은 경험이 부족한 시기였을 것이다. 자연히 두 사람의 매너가 비교되면서 마리안 앤더슨의 태도가 사실이상으로 돋보였을 수도 있기는 했다.

잡음은 물론이요 시도 때도 없이 터지는 박수소리에도 흔들리지 않는 마리안 앤더슨의 태도는 그녀가 청중을 이해하고 존중하는 사람이라는 믿음을 주기에 충분했다. 서툰 청중을 겸손한 미소로 자연스럽게 받아들이는 그녀에게는 연륜과 여유가 있었다. 젊은 테너가 아직은 가지지 못한 여유였다.

겸손이 사람을 얼마나 아름답게 만드는지를 보여준 마리안 앤더슨. 그녀는 존재 그 자체로 또 하나의 아름다운 악기였다. 어떤 훌륭한 악기에도 못지않은 아름다운 악기였다. 그 젊은 테너가 이후에도 몇 번 더 한국을 찾아 훌륭한 연주를 보여준 것을 보면 경험을 더해가면서 그 역시 아름다운 악기가 된 사람이라는 생각을 해본다.

사순절의 커피

 어른이 되기 전에 커피를 마시면 얼굴이 까매진다. 그 말을 믿었던 순진한 시절에는 빨리 어른이 되어 멋지게 커피를 마셔보고 싶었다. 적어도 고등학교는 졸업해야 어른이라는 말을 이의 없이 믿었기에 처음 커피를 마신 것은 당연히 대학생이 되어서였다. 친한 집 오빠가 성인식이라도 해 주는 양 나를 다방에서 만나자고 했고 그날 처음으로 다방에도 들어가고 난생처음 커피도 마셔보았다. 원래부터 쌉쌀하게 쓴맛을 좋아하는 내 구미에 커피는 처음부터 매력 있는 맛이요 마력 있는 향기였다.
 근년에 위궤양이 또 도져서 병원에 다녔다. 커피는 마시지 말라는 의사의 말에 나는 하루에 딱 한 잔만 마시겠다고 억지 아닌 억지를 부렸다. 의사는 하는 수 없이 그러면 꼭 한 잔만 식사 후에 바로 마시라고 허락해 주었다. 친정어머니가 위암으로 돌아가신 데다 걸핏하면 위궤양 치료를 받으러 다니는 내가 그 의사의 눈에는 꽤나 한심한 사람으로 보일 것이다.

아무리 좋아한다고는 해도 커피가 내 몸에 그리 유익한 음료는 아닌 듯하다. 내가 하루에 마실 수 있는 커피는 기껏해야 두 잔 정도다. 그 이상 마시면 가슴이 뛰며 특히 오후 서너 시 이후에 마시면 영락없이 뜬눈으로 밤을 새우게 된다. 아마도 커피를 아예 끊는 것이 내 건강을 위해서는 좋을지도 모른다. 그러나 그깟 한두 잔이 해로우면 얼마나 해로우랴 유익한 점도 많다는데라는 생각으로 제 눈에 물대기격 자위를 하면서 커피를 끊을 마음은 먹지 않고 산다.

금주나 금연처럼 나도 여러 번 금(禁)커피를 해본 적이 있기는 하다. 가톨릭교회에서는 부활절을 앞둔 사순절(四旬節)시기인 40일 동안을 좀 특별하게 지내는 관습이 있다. 물질이나 노력을 희생해서 그 결과를 현금으로 환산해 형편이 어려운 곳에 보내주는 관습이다. 사람마다 선택하는 희생의 종류는 다 다르다. 예를 들자면 애연가는 금연하고 애주가는 금주하고 또는 택시비를 아끼거나 덜 먹고 덜 쓰면서 그 돈을 모아 헌금하는 식이다.

어느 해 사순절에 나는 커피를 희생하기로 정했다. 내게는 다른 무엇보다도 극기하기 힘든 과제일 것 같아서였다. 첫해에는 무척 힘들었지만 수년을 거듭하면서 점차 수월해지더니 나중에는 끝날 무렵이면 커피 생각을 거의 잊다시피 하게 되었다. 그다지 힘들지 않은 일을 희생이나 극기라 할 수는 없을 것 같아서 이후로는 커피 희생을 그만두었다.

그러면서 또 커피의 매력 속으로 푹 빠져 들어갔다. 다시 한 번 커피를 희생 제물로 삼기로 했다. 그런데 이번에는 쉽지가 않았다. 그전처럼 끝날 무렵이면 커피 생각을 잊게 되리라 기대하면서 사순절마다 40일이 어서 지나가기를 애타게 기다렸다. 그런데 다음 해에도 또 그 다음 해에도 여전히 쉬워지지를 않았다. 드디어 돌아온 부활절 기쁨의 이유가 예수부활인지 커피부활인지 분간할 수가 없었다. 쉬운 것 못지않게 너무 어려운 것도 순수한 기쁨의 의미를 흐리게 한다는 자가당착적 핑계를 대면서 슬며시 커피 희생을 접고 말았다.
　평소에 나는 아침 식후의 커피 한 잔을 마시기 전까지는 다음 일과를 시작하지 않는다. 안 하는 것이 아니라 못한다. 머릿속이 안개라도 낀 듯 몽롱한 것이 떠오르는 생각도 별로 없고 아직 잠이 덜 깬 듯한 상태가 계속되기 때문이다. 첫 커피 한 잔을 마시고 나면 그때부터 정신도 깨어나고 생각에도 시동이 걸린다. 일종의 카페인 중독의 증거라 하지만 나는 그렇게까지 생각하지는 않는다. 커피의 각성효과에 의존하는 것이 사실이기는 하지만 워낙 적은 양을 마시는 데에다 마음만 먹으면 끊지 못할 바도 없는 그저 습관성 정도라고 믿는다.
　나는 비교적 결단성이 있는 편이어서 한다면 하는 성격이라는 평판을 듣는다. 그런데 나이를 먹으면서 그런 성격도 많이 느슨해지면서 결단력이 없어지는 듯하다. 그전 같으면 끝을 야무지게 매듭지으려고 애면글면 애를 태웠을 일도 이젠 쉽게 포기하고 손을 놓는다. 여간 마음에 들지 않더라도 그냥 넘어가고 말기도 한다. 커피희생 역시 그렇다. 젊은 시절인 첫 번째에 비해 재도전했을 당시에는 이미 내 의지가 많이 약해져 있었던 것이 분명하다. 그래서 그만 쉽게 포기하고 만 듯하다. 신경이 무디어지는 것이야 별 나쁠 것 없지만 결단성이 없어진다는 데에는 좀 긴장감이 든다. 원래 나는 물에 물 탄 듯 술에 술 탄 듯 어중간한 것을 싫어하는 성미인데.

 다시 사순절이 나가오고 있다. 적어도 일 년에 40일 정도는 끊을 수 있는 커피라야 중독이 아니고 습관성이라는 내 말이 입증된다. 희생하면서 애긍(哀矜)도 하고, 극기하면서 결단력도 점검하고, 무엇보다도 커피부활이라는 덤이 있어 부활절의 기쁨이 배가 된다. 그뿐인가? 위장에도 득이 되면 되었지 해가 되지는 않을 터. 일석 몇 조인지 얼른 계산이 되지 않는다. 이번 사순절 희생으로는 다시 한 번 커피를 생각해 봐야겠다.

세상에 가장 무서운 것

　살아계실 때 아버지는 세상에 무서운 것이 없는 담이 큰 사람이었다. 함흥(咸興)이 고향인 아버지는 어려서부터 중국에서 수학하셨다. 일제 말기의 혼란한 시절에 국경지대를 넘나드는 길에서는 독립군과 일본군의 총격전을 만나기도 하고 화적떼나 강도를 만나는 등 사건 사고가 많았다고 한다. 어린 시절부터 그렇게 길러진 담력 탓인지 아버지는 항상 "나는 세상의 무엇도 무섭지 않다." 하셨다. 그런데 그런 아버지에게 무서운 것이 딱 하나 있었다. 아버지는 가끔 말씀하셨다.
　"나는 귀신도 무섭지 않고 호랑이도 무섭지 않고 세상에 무서운 것이 없는 사람인데 저 딸년 하나는 정말이지 무섭다."
　맏이인 나는 두 남동생 위의 외딸이었다. 딸의 말이라면 꼼짝을 못하는 아버지는 요즘 유행어로 지독한 '딸 바보'였던 것이다. 대단한 이유가 있었던 것은 아니다. 아마도 결혼 후 수년을 기다려 얻은 딸이어서 그렇고 밑으로 남동생 둘을 본 외딸이어서 그랬으리라 싶다.

아! 솔직히 말해야겠다. 사실은 아버지가 딸을 무섭다고 하는 큰 이유가 하나 있기는 하다. 실상은 나는 아버지에게는 아주 괘씸한 딸년이었다. 아버지가 가끔 어머니 몰래 숨겨두는 시앗을 귀신 같이 찾아내어 떼어버리고야 마는 딸이었으니 말이다. 그럴 때마다 아버지는 내게 "저 지독한 이북 치!"라고 하셨다. 평소에 그리도 얌전한 딸이 누가 보든 말든 길거리든 남의 집이든 무작정 악을 쓰고 덤벼드니 무섭기도 했을 것이다. 이러다가 하나뿐인 딸년이 정신이상이라도 생기는 것이 아닌가 싶어서.

"아버지 눈은 눈도 아니야! 저런 호박 같은 종간나 년을!"

무조건 호박이 되어야 했던 그 종간나는 그래서 속이 상했을까? 돈 있는 남자가 작은집 살림을 차리는 것이 흉도 아닌 시절. 아버지에게 다른 여자가 생겨도 일체 모른 척하고 사는 어머니가 딱해서 내가 그런 짓을 벌이는 것은 아니었다. 그때는 그런저런 생각도 없이 무작정 덤비는 일이었지만 철들어 생각해 보면 아버지의 사랑을 다른 여자에게 빼앗긴다는 생각에서 그랬으리라 싶다. 양반집 딸인 어머니는 그 바람에 속이 후련했을지도 모른다. 한 친구의 어머니는 나를 만날 적마다 너희 어머니는 가만히 있어도 속이 시원하겠다면서 우리 어머니를 엄청도 부러워하셨다. 그 집 아버지 역시 끊임없이 작은집 살림을 차리는 사람이었다.

세상에서 가장 무서운 동물이 무엇이냐는 질문에 대한 대답 1

위는 모기라는 우스개가 있다. 공포심이 들만치 모기를 무서워하는 나는 이 말에 절대공감한다. TV에서 보자면 다른 동물들도 그렇지만 특히 동물의 왕인 사자가 모기떼에게 속수무책으로 시달리는 것만 보아도 알 일이다. 게다가 모기가 옮기는 그 많은 질병은 또 어떤가? 세상에 무서운 것이 없는 아버지가 제일 무서운 것이 딸이고 그 딸인 내가 제일 무서운 것이 모기이니 과연 모기는 세상에서 가장 무서운 존재다.

나는 모기가 정말 무섭다. 초등학교 때 나는 모기가 옮겨주는 1급 법정전염병인 뇌염에 걸려 죽다 살았다. 우리나라에서 가장 많은 아이들이 뇌염으로 죽었다고 기록이 남은 해에 나도 모기에 물려 뇌염을 앓았던 것이다. 얼마나 열이 높았던지 한쪽 청각신경이 녹아 없어졌고 그 후유증으로 나는 평생을 오른쪽 귀는 깜깜절벽인 채로 살고 있다. 호랑이와 맞붙을 일은 없고 귀신 역시 만날 일 없으니 겁날 것 없지만 아무리 피해보려 해도 안 되는 모기는 정말이지 무섭다.

만일 지금 아버지께 여쭤볼 수 있다면 뭐라고 대답하실까? 모기가 더 무섭다 하실까 아니면 딸이 더 무섭다 하실까? 아마 나처럼 아버지도 모기가 더 무섭다 하실 것이다. 그 귀한 딸을 잃을 뻔한 모기가 아닌가? 과연 모기는 세상에서 가장 무서운 존재다. 뇌염은 한 번 걸리면 다시 걸리는 법이 없다지만 나는 지금도 모기는 무조건 무섭다.

또 한 번의 작심삼일

통 쓰지 않거나 오래된 물건들을 나는 너무 많이 보관하고 있다. 식구가 줄고 생활이 단출해지면서 점점 더 쓸모가 없어지는 물건들이다. 창고를 들여다볼 적마다 꼭 필요한 것만 남기고 다 버리자고 생각은 수없이 한다.

인도의 성자 간디는 꼭 필요하지 않은 물건을 소유하는 것은 도둑질이라고 말했다. 그는 자신을 따르는 사람들에게 생활에 절대적으로 필요한 물건이 아니면 아무것도 소유하지 말라고 했다. 간디의 말대로라면 나는 도둑 중에서도 큰 도둑이겠다. 버리지도 않고 나누지도 않고 저 많은 물건들을 꼭꼭 쟁여만 두고 있으니 말이다.

주위 사람들은 날더러 매사에 기면 기고 아니면 아닌 딱 부러지는 성격이라고 말한다. 내 생각에도 영 틀린 말은 아니라 싶다. 그런데 물건을 버릴 때만은 우유부단하기가 이를 데 없으니 참 알 수 없는 노릇이다. 값이 비싼 물건이라면 이해나 간다. 남이 보면 아무짝에도 쓸모없는 하찮은 물건들이다. 이러다가 내가 덜컥 죽기라도 하면 이 많은 쓰레기를 정리하면서 아이들이 어미를 얼마나 한심한 사람으로 여길까 생각하면 마음이 조급해진다. 그러면서도 이것들을 버리지 못하고 있다.

버리지 못하는 이유는 사실 뻔하다. 게으름과 욕심 때문이다. 변명 같지만 실상은 또 하나의 중요한 이유로 이 하찮은 물건들을 버리지 못한다. 그 이유란 물건자체의 가치에 상관없이 그것이 가진 의미나 추억을 버리지 못하는 내 습관이다. 하다못해 단풍잎 한 장에도 의미가 있고 조약돌 하나에도 추억이 있어서 그런 내 삶의 일부를 아직까지는 버리고 싶지 않은 것이다.

얼마 전 저녁시간이었다. 갑자기 가슴이 조여드는 느낌이 들기 시작하더니 점차로 쥐어짜는 듯한 통증으로 변했다. 속이 메슥거리고 형언할 수 없이 기분이 나빠지면서 이렇게 죽는 것인가라는 생각이 들었다. 문득 임종 때의 어머니가 떠오르면서, 어머니와 달리 나는 이런 나쁜 기분으로 세상을 떠나는구나 싶어 자신이 무척 한심했다. 언제가 되었든 세상을 떠날 때는 꼭 평온한 마음으로 가리라 기원했건만 다 소용이 없더란 말인가? 숨이 끊어질 듯한 순간이 지나면서 통증이 약해지는 기미가 보였다. 이튿날 병원에 가서 협심증이라는 진단과 함께 매일 한 알씩 복용하라는 약과 그런 흉통이 올 때 혀 밑에 넣으라는 약을 처방 받아 왔다.

그러고 나서 생각한 것이 쌓아둔 살림살이였다. 이젠 더 이상

미룰 수 없다는 절박감이 들었다. 일단 마음을 정하고 창고 문을 열었다. 맨 앞에 쌓인 상자부터 꺼내어 버릴 것과 아닌 것을 구분했다. 작심삼일! 딱 3일 동안 그렇게 일부를 정리하는 것으로 작심삼일을 실천하고 손을 뗐다. 버릴까 말까 고민하느라고 심신이 얼마나 지치던지 3일 이상 일을 계속할 수가 없었다. 게으름의 유통기간이 평생인 데에 비해 부지런함의 유통기한은 고작 3일이었다.

도대체 물건 하나를 버리는 데에 왜 그렇게나 많은 생각과 시간이 필요한 것일까? 변질되었거나 쓸모가 없어진 물건 그리고 3년 이상 쓰지 않은 물건은 무조건 버린다고 기준을 세우고 덤볐는데도 실제로 버린 것은 몇 되지도 않았다. 몇 삼년을 쓰지 않은 물건도 버리고 나면 꼭 얼마 안 가 찾을 일이 생기더라는 생각이 자꾸 내 손을 붙잡았다.

모든 추억의 물건에는 하나같이 내가 살아온 삶의 흔적이 묻어있다. 그렇게 많은 흔적을 남기며 살아온 자신을 꽤 기특하게 여겼는데 그것이 아니었다. 그때그때 잊을 건 잊고 정리할 건 정리하면서 미련을 남기지 않는 삶이 단순하고 깔끔하다는 생각만 들었다. 흔적을 보관했다고 추억이 고스란히 남아있는 것도 아니었다. 나이가 나이인 만치 이미 까맣게 잊었거나 기억이 헷갈리는 물건을 보면서는 공연한 서글픔마저 들었다.

기억에 남은 흔적만이 나의 추억이다. 그러니 추억은 물건이 아니라 기억 속에 넣어두어야 하는 것인지도 모른다. 쟁여둔 물건의 양이 곧 추억의 양이라고 믿었건만 그것은 추억이 아니라 욕심의 양이었다. 이건 딸이 가져가려던 것을 빼앗아둔 것, 이건 아무개가 안 쓰면 자기 달라고 하던 것을 야박하게 보관해둔 것, 이건 손녀가 갖고 싶어 하는 것을 매정하게 숨겨둔 것, 이건 그냥 꺼내 썼더라면 좋았을 걸 이젠 소용없어진 물건. 그런 식으로 욕심이 보관한 물건들이었다.

  버리기 싫은 마음은 혼자 소유하려는 욕심이요 주기 싫은 마음은 나누지 않으려는 인색함이다. 욕심과 인색함은 도둑질이다. 내어놓으면 어딘가에서 요긴하게 쓰일 물건을 나도 안 쓰고 남도 못쓰게 숨겨놓으니 간디의 말대로 도둑질이 분명하다. 도둑 소리까지 들으면서 저 물건들을 끌어안고 살아야 할까? 앞으로 몇 번이 될지 모르지만 곧 또 한 번의 작심삼일을 시작해야 하리라.

마음의 군살부터

젊어서 날씬하던 사람도 나이 먹으면 대개 나잇살이라는 군살이 붙게 마련이다. 남녀불문하고 배 둘레와 나이는 대체적으로 비례하는 것 같다.

나보다 열댓 살이나 아래인 선영이 엄마는 꽤 살이 쪘다. 그녀는 만날 적마다 날더러 "나이 들어서는 살이 좀 찌는 게 좋다는데 좀 찌우세요." 한다. 아니 그렇지 않다 나도 보기보다 꽤 쪘노라 해도 내 말은 아예 듣지도 않는다. 어느 날 동네 목욕탕에서 선영이 엄마를 만났다. 먼저 나를 발견했는지 저쪽에서 나를 지켜보고 서 있었다. 옆으로 다가가 "목욕 왔네." 했더니 또 내 말은 들은 척도 않고 잔뜩 흘긴 눈으로 나를 위아래로 훑어보며 말했다.

"에이, 속았잖아."

이런 창피한 얘기를 부끄러운 줄도 모르고 실토를 하다니 나도 참 못 말릴 주책이다. 선영엄마가 정말 나를 여윈 사람이라 생각해서 그렇게 말했을 줄은 나도 몰랐다. 내 패션 위장술이 아무리 그럴듯했기로서니 그리 감쪽같이 속아 넘어갔을 줄이야.

쓸데없이 붙어 있는 군더더기라는 뜻으로 어떤 말 앞에 순우리 말인 '군'자가 붙는 것을 자주 본다. 군살 군식구 군밥 군살림 군 말 군소리 군사설 군음식 군것 군것질 군사람… 얼른 눈에 보이 는 것만도 보통 숫자가 아니다. 우리 주위에 그렇게나 많은 군더 더기들이 있다는 말인가?

그러나 군자가 붙었다고 해서 그 모두가 다 귀찮고 쓸데없는 것은 아니다. 아이나 어른이나 다 좋아 하는 군것질이 없다면 아 마도 사는 재미가 훨씬 줄어들 것이다. 아궁이에 불을 때서 밥하 던 시절 우리의 어머니들은 아궁이 속에 남아 있는 군불(군을 길게 발음)로 생선도 굽고 김도 구웠다. 그 군불에 묻어둔 군옥수수나 군감자의 맛은 어느 군것질거리와도 바꿀 수 없다. 군불(군을 짧게 발음)을 넉넉히 지핀 따끈한 아랫목에 둘러앉아 군불에 구운 군고 구마를 먹던 시절을 사람들은 잊지 못한다.

그러나 역시 군자가 붙은 낱말에는 부정적 의미를 가진 것이 많 다. 그중에서도 특히 마음에 들지 않는 단어가 바로 군살이다. 나는 원래 소식하는 편이어서 살은 안 찔 줄로 알았다. 그러나 나이 먹으 면서 나도 별 수 없이 여기 저기 군살이 붙기 시작했고 목하 진전중 이다. 소식한다고는 해도 요리하는 것이 재미있고 새로운 맛을 즐기 는 편이기도 하니 알게 모르게 저지른 과식과 과욕이 어찌 없으랴. 게다가 움직이기는 또 얼마나 싫어하는가? 내 몸의 군살은 내 과식이 만들어낸 조각품이요 게으름이 찍어준 인증마크임에 틀림없다.

몸에 군살이 생기기 시작한다는 것은 이미 마음에 군살이 쪘다는 얘기다. 마음에서부터 먼저 군살이 생기고 그것이 몸으로 전이되는 것이 이치다. 해이한 마음으로 필요이상 먹고 필요이상 쉰 주제에 날더러만 나무라느냐고 내 몸의 군살이 부르르 치를 떨고 있다. 게다가 아직도 탐할 음식이 남아 있지 않느냐며 불룩불룩 볼멘소리를 한다.

과욕에 대해 경고한 노자(老子)의 말이 있다. 지나치게 많이 가지려 하는 사람은 자기 인생을 망친다. 적당한 선에서 멈추어 절제하고 버릴 줄 알아야 훌륭한 인생을 만들 수 있다. 채우고 오르려고만 하는 마음은 화를 불러들일 뿐이니 우선 마음에서부터 과욕을 버리고 몸을 위해 절제하라고 노자는 말한다.

노자의 충고에서 군살이 붙는 확실한 이유를 알 수 있다. 먹는 행위 자체가 비만의 원인이라고 생각하기 쉽지만 실상은 먹고 싶어 하는 마음이 비만의 원인이라고 노자가 알려주고 있다. 마음이 먼저 끊어주어야 몸이 따라올 수 있으니 몸의 살을 빼려면 우선 마음의 군살을 먼저 빼주어야 한다. 몸에 비만이라는 화를 불러들이기 전에 먼저 마음의 식욕을 끊어주라는 말이다.

나이 들면 입맛도 떨어지는 것이 사실이기는 하지만 그러나 좋은 맛에 대한 욕망까지 떨어지는 것은 아닌 듯하다. 비만한 사람 중에는 나이 들어도 여전히 식욕이 좋아 잘 먹는 이가 많은 것이 사실이다. 역시 마음의 군살이 문제다. 맛을 탐하는 마음의 군살은 과식증을 낳는다. 너무 많이 먹었고 그래서 비만해진 줄을 뻔히 아는데도 식욕이라는 과식증은 더 맛있는 것을 거부하지 못한다. 그러면서 나이 들수록 움직이는 것을 싫어한다. 먹는 양에 비해 운동량이 부족해서 살이 찐다는 것은 만고불변의 진리다.

 흉보려는 것은 절대 아니지만 역시 S는 비만하다. 그녀는 만날 적마다 요즘은 통 입맛이 없다고 습관처럼 말한다. 그러면서 매번 오랜만에 입맛 당기는 음식이라며 실컷 먹는 것을 본다. 이미 비만해질 대로 비만해진 마음의 군살이 맛에 대한 욕망을 도저히 끊어내지 못하는 것이다. '저렇게 먹으면 저만큼 살이 찌겠다' 뻔뻔한 자위와 자만에 빠지는 내 꼴이라니!

 "너나 잘해. 그렇다. 나나 잘하자. S는 키라도 크지." 그런데 선영 엄마가 속아 넘어간 것을 보면 아직은 나는 좀 여유가 있지 않을까? 그래서 S만큼 될 때까지 기다리겠다고? 아서라 그건 아니다. 이제부터라도 당장, 먹고 싶어도 포기할 것은 포기하고 귀찮아도 움직일 것은 꼭 움직인다는 마음의 다이어트를 시작하자. 군살이 만들어지기 전의 가뿐했던 내 몸을 상기하면서. 오랜만에 만난 맛난 음식이라고? 아서라 이미 다 먹어본 음식이요 알아본 맛이다.

 생각해 보면 끊기 싫고 움직이기 싫어하면서 얼마나 많은 시간을 게으름에 내어주고 말았는가? 그 허비한 시간에 비해 이제 내게 남은 시간이라야 얼마나 되겠는가? 그 남은 시간을 몸무게만 늘리면서 어기적거리고 살 수는 없다.

물 먹고 체한 날

자신의 건강에 관심을 가지지 않는 사람이 어디에 있으랴만 특히 우리나라 사람들의 건강에 대한 관심은 유별나 보인다. 몸에 좋다는 영약이 하도 많아서 오히려 신뢰가 가지 않는다. 영약이 그렇게 많은데도 불로장생하는 이도 없고 수백 년을 사는 이도 없으니 모를 일이다.

약이란 물론 병이 났을 때 쓰지만 때에 따라서는 병을 예방할 목적으로도 쓴다. 대부분의 약은 약성을 가진 식물로부터 추출하는 것이 일반적이다. 약성을 가지고 있는 모든 식물에는 약성과 함께 다소간의 독성도 있게 마련이어서 한 쪽에 좋으면 어딘가 다른 쪽에는 해가 될 수도 있다고 한다. 몸에 좋으라고 먹은 것이 오히려 독이 될 수도 있다는 얘기다. 자기 몸의 상태는 생각하지 않고 남들이 좋다니까 무조건 먹고 본다는 것은 아무래도 마음에 병이 든 것이 아닐까 싶다.

자랄 때 우리 집에서는 꼭 필요한 경우 이외에는 보약을 먹지 않는 것이 원칙이었다. 쓸데없이 보약을 자꾸 먹으면 목숨이 질겨져 늙어서 죽을 때 말 그대로 '죽을 고생'을 한다는 것이었다. 나는 그런 우리 집에서 보약을 먹는 유일한 존재였다. 허구한 날 병치레를 하는 약골이어서 죽을 때 고생한다는 말을 무시해야 할 정도로 당장이 급했던 모양이다.

우리 집 식습관은 약보보다는 식보를 중히 여기는 편이어서 평소 섭생에 유의하고 편식을 하지 않는 것을 보약으로 여겼다. 특히 과식을 피하고 너무 자극적이거나 지나치게 기름진 음식을 피했다. 육식보다는 채식위주의 식단이었는데 나는 그런 식습관을 지켜온 덕으로 허약하게 태어난 데에 비해 이나마 건강을 유지하며 산다고 믿는다.

친정어머니가 살아계셨을 때에는 어머니의 강요에 못 이겨 자주 보약이나 보양식 같은 것을 먹었다. 그러나 결혼 초 서른도 되기 전에 어머니를 여의었고 이후로는 보약이라는 이름조차 잊고 살았다. 무슨 약이니 음식이니 건강에 좋다는 정보는 수도 없이 많지만 나는 기억력도 부족하고 게으른 데에다 관심도 없어서 애써 구하거나 찾아 먹어본 적은 없다.

그렇다고 건강에 전혀 무관심하게 산다는 말은 아니다. 물과 공기에 대해서는 나도 꽤 신경이 쓰인다. 걸핏하면 기침을 하는 체질이라 나쁜 공기에 예민해서다. 그렇다고 도시 공기를 내 마음대로 어찌해 볼 수는 없는 일이니 외출 시에 마스크를 착용하거나 집에 공기청정기를 들여놓는 정도가 호흡기를 위한 건강 지키기의 전부다. 그 이상은 공기 좋은 시골로 이사라도 가지 않는 한 포기하고 살 수밖에 없다.

 물을 갈아 먹으면 배탈이 잘 나다 보니 공기 못지않게 먹는 물에도 신경이 쓰인다. 좋은 물을 먹겠다는 일념으로 정수기니 생수니 바꾸어가며 시행착오도 적잖이 겪었다. 그러나 걸핏하면 대장균 생수니 부적격 샘물이니 하면서 시끄럽고 더구나 우리 집에 배달되는 생수가 그 명단에 들어 있을 때면 정말이지 '물 먹은 기분'이 된다. 그 모든 시행착오 끝에 얻은 결론은 싱겁게도 수돗물이다. 수돗물을 끓여 보리차를 마시는 것으로 물 걱정에서 해방된 지가 오래다. 그로 인해 탈이 난 적은 없으니 현재로는 심사 편하게 서울의 수돗물을 믿고 산다.

 어떤 행동을 자주 하거나 쉽게 하는 것을 두고 '물 먹듯 한다'고 말한다. 일이 잘 풀리면 물 흐르듯 흘러간다고도 한다. 세상에 물처럼 잘 흘러가는 것은 없다. 그런데 그 물도 급하게 먹으면 체한다는 말이 있다. 너무 급하게 마시다가 물이 기도로 넘어가는 경우를 말하는 정도로 이해할 수 있겠다. 물 먹고 체한 데에는 약도 없다는 말도 있는데 정말 물 먹고 체하는 일이 있다는 말일까? 내 대답을 묻는다면 나는 단연코 "물 먹고 체하는 수도 있다."이다. 내가 겪어보아서 아는데 물도 잘못 먹으면 체한다.

 다 큰 처녀가 되도록 여전히 나는 병치레로 골골거리면서 위 수술을 받기까지 했다. 수술 후 사흘 째 되던 날 담당의사가 보리

차를 약간 마셔도 좋다고 말했다. 입안이나 겨우 적실 정도로 두 모금을 넘겼는데 잠시 후부터 속이 더부룩하니 거북해지기 시작했다. 신경과민이니 참아 보라고 의사가 말했지만 그냥 넘길 수가 없을 정도로 계속 시달렸다. 웃기게도 말 그대로 물을 먹고 체한 것이었다. 더 두고 보다가는 위경련이라도 하겠다 싶어진 의사가 소화제를 주면서 말했다. "아이구나 이 아가씨야! 이 신경으로 세상을 어찌 살꼬."

소화제는 물론 물과 함께 삼켰으니 얼마나 웃기는 난센스인가? 물을 먹고 체한 것이 아니라 기분이 체한 것이고 의사 말대로 틀림없는 신경성이었다. "물도 음식인데 당연히 체하는 수도 있지."라고 주장하고 싶지만 역시 나같이 시원찮은 사람이나 할 소리다. 지금껏 물 먹고 체한 웃기는 인간은 나 외에는 본 적이 없다.

"바보!"

바나나 무상

"바나나가 한 보따리에 3천 원!"

바나나를 가득 실은 트럭 옆에서 한 남자가 외치고 있다. 세상에 저렇게 큰 바나나가 한 송이에 3천 원인가 보다고 같이 가던 친구가 놀라워했다. 샛노란 색깔이며 매끈한 때깔이 저리도 고운 바나나가 어쩌다 저처럼 헐한 과일이 되었을까? 예나 지금이나 관세를 물고 수입하기로는 마찬가지인 수입과일인데 그 값은 천양지차로 달라졌다. 바나나를 먹는 것이 부의 척도로 여겨지던 시절이 별로 오래전도 아니건만.

문득 친구에게 생뚱맞은 한마디를 던졌다.

"너 몰랐지? 바나나가 과일이 아니라는 사실."

친구는 뜨악한 표정으로 나를 보더니 과일이 아니면 그럼 뭐냐고 물었다. 바나나는 나무가 아니라 여러해살이풀(多年生草)이라고 한다. 나도 그 말을 처음 들었을 때는 친구처럼 꽤 놀랐다. 여느 나무에 비해 키가 낮기를 하나 잎이 작기를 하나 게다가 열매는 얼마나 큼직하며 개수는 또 얼마나 많은데 그런 식물이 나무가 아니라 풀이라니. 그렇다고 바나나를 채소라고 말할 수는 없을 것 같으니 역시 과일이라고 할 수밖에 없겠다.

바나나 얘기를 하자니 생각나는 옛 친구가 있다. 그녀에게는 터울이 7년이나 지는 여동생이 하나 있었다. 친구네는 그리 큰 부자는 아니었는데 친구가 시집갈 무렵부터 아버지의 사업이 번창하기 시작해서 얼마 안 가 큰 부자가 되었다. 그녀의 동생은 부잣집 딸답게 부러울 것 없이 풍족하게 온갖 좋은 것을 누리며 살았다. 자기는 꿈도 못 꾸어본 호강을 넘치도록 하면서 사는 동생이 샘이 나서 친구는 친정만 갔다 오면 발을 동동 구르며 억울해 했다. 자기는 한 달에 한 번 얻어먹기도 힘들었던 바나나를 동생은 일 년 내내 입에 달고 산다는 것이었다. 여간한 부잣집이 아니고서는 바나나를 그렇게 밥 먹듯 먹을 수는 없는 시절이었다. "고년은 맨날 바나나만 처먹고 산다."는 말을 어찌나 많이 들었던지 지금도 그 친구가 떠오를 때면 어김없이 그 말이 먼저 생각난다.

바나나는 내게도 아픈 추억이 있는 과일이다. 살기가 괜찮았던 우리 집에서도 바나나는 어쩌다 한번 먹는 과일이었다. 어머니는 바나나를 맛있게 먹는 우리 남매를 흐뭇하게 바라보시면서 나는 별로 좋아하지 않으니 너희나 많이 먹어라 하셨다. 지금 생각해 보면 어머니라고 그 이국적이고 향기로운 과일이 왜 좋지 않았겠는가? 어머니는 생선 대가리만 좋아한다 했다는 이야기 속의 아들처럼 우리도 어머니는 사과나 배만 좋아하지 바나나는 싫어한다고 믿은 철부지였다.

위암으로 투병하던 어머니가 돌아가시기 며칠 전이었다. 곡기를 거의 끊었던 어머니가 시장에 아직 생굴이 있더냐고 물으셨다. 4월이었으니 없을 수도 있었다. 혹시 있거든 사다가 무를 썰어 넣고 굴국을 끓여 보라 하시면서 만일 없으면 바나나를 조금 먹어 볼까라고 말씀하셨다. 시장에 가니 다행히 생굴이 있었다. 바나나도 한 송이 샀다.

시장에서 돌아오는 길에 마침 옆집 아주머니를 만났는데 "바나나를 샀구먼." 하면서 내 장바구니를 들여다보았다. 내 얘기를 들은 아주머니가 아마도 어머니가 돌아가시려고 저승길을 준비하시는 것 같으니 맛있게 해드리라고 했다. 끓여드린 굴국을 어머니는 국물만 서너 숟가락 그리고 바나나를 딱 두 입 잡수셨다. 이후로는 물도 한 모금 마시지 않았고 사흘 후에 세상을 떠나셨다. 굴국은 어머니가 평소에도 좋아한 음식이었지만 바나나를 찾으신 것은 의외였다. 사실은 어머니도 바나나를 좋아하셨던 것이다. 그것도 저승음식으로 가지고 가실 만큼.

예닐곱 개나 달린 바나나가 한 송이에 3천 원이라! 세월이 이렇게 변할 줄을 누가 알았을까? 어머니가 나는 좋아하지 않으니 너희나 먹으라며 잡숫지 않던 그 비싼 바나나가 트럭에 무더기로 실려 오는 싸구려 과일이 되어 이젠 식상해서 먹고 싶지도 않다니. 인생무상에 바나나 무상이다.

변두리를 서성대며

"제가 보낸 문자 보셨어요?"
"아니 안 봤어요."
"왜요?"
"왜라니 문자 같은 거 보내지 말아요. 난 안 보니까."
"에이 노친네!"

호랑이 담배 먹던 시절, 처음 휴대폰을 소지한 지 일 년이 넘도록 통화기능 이외에는 다른 사용을 못하는 내가 어느 문우와 주고받은 대화다. 문자를 안 보는 게 아니라 못 본다는 것을 아는 문우가 내게 날린 협박성 지청구였다. 계속 그러고 있으면 뒷방 늙은이 취급하고 말겠다는.

필요 없다는 내 말은 들은 척도 않고 아이들이 사다준 휴대폰을 처음에는 한 달이 넘도록 그냥 책상 위에 두고 보기만 했다. 기계라면 무조건 겁부터 먹는 내 깜냥으로는 전화기도 엄연히 기계인 바

선뜻 들고 나설 용기가 나지 않았다. 결국 핸드백에 넣고 다니게 되면서 최소한 문자기능 정도라도 익혀야겠다고 생각하지 않은 것은 아니었다. 실제로 여러 번 연습도 했다. 그런데 이만하면 방법을 익혔다 싶은데도 며칠 후에 보면 영락없이 다 잊어먹고 말았으니 한심한 내 기억력이 싫기도 하고 문자판이 너무 작아 매번 돋보기를 찾으면서 노안을 확인하는 것도 마땅찮아 곧 포기하고 말았다. 그러고 수년이 지나서야 겨우겨우 노친네 소리를 면하게 되었으니 그만큼 나는 기계 만지기를 싫어하는 사람이다.

그런데 핸드폰을 쓰기 시작한 후부터 딸아이가 제 마음대로 두 번이나 내 전화기를 바꾸더니 또 몇 년 후에는 스마트폰으로 바꾸자고 졸랐다. 바꿀 적마다 새로운 기기에 길들이는 것이 나로서는 번거롭고 귀찮은 일이어서 전화기 말이 나올 적마다 질색을 했지만 소용없는 일이었다.

사람들은 더 편리하고 더 문화적인 삶을 살기 위해 끊임없이 새로운 기기(器機)들을 만들어낸다. 날만 새면 새로운 물건이 나오고 처음 듣는 첨단사업과 직업이 생겨난다. 나도 컴퓨터니 휴대폰이니 하면서 조작하기도 어려운 문화적 기기들을 더러 쓰지 않을 수 없는 것이 현실이다. 그 세련되고 똑똑한 기기 앞에서 나는 항상 주눅부터 들곤 한다.

얼마 전에 한 친지가 스마트폰을 잃어버렸다. 전화기와 함께 그 안에 저장되어 있던 정보와 전화번호를 다 잃은 그는 큰 불편을 겪었다. 휴대폰에 의존하고 지내는 동안 예전에 기억하고 있던 전화번호를 깡그리 잊은 것을 알고 그는 아주 기막혀 했다. 컴퓨터에 입력해 놓지 않은 것을 후회하는 그를 보면서 전화기나 컴퓨터나 기계에 의존하기는 매한가지라 싶어 쓴웃음을 지었다.

나 역시 몇몇 기기에 의존하며 사는 것이 사실이니 나도 모르는 사이에 무언가를 잃으며 살고 있을 것이 분명하다. 그 친지 바람에 나 역시도 딸아이 전화번호를 단축번호만 기억하고 있다는 사실을 알고 심히 충격을 받았다. 그렇게 없어진 것이 기억뿐이랴? 요즘은 어쩌다 손으로 글을 써보면 글자 모양이 영 마음에 들지 않는다. 사실 글을 자주 쓰는 것이 내 일이라면 일이다. 그러나 원고지와 펜이 아니라 컴퓨터로 쓰는 것이 현실이다. 외국에 사는 친구와 수십 년을 주고받던 편지도 이메일로 대체한 지가 오래니 이젠 손으로 글 쓸 일이 통 없다. 어쩌다 써놓은 내 글을 보면 마치 워드 프로세서가 내 글 솜씨를 몰래 훔쳐다 마구 가지고 논 듯한 생각이 든다. 사실 솜씨나 기억력 같은 것이야 나이 따라 둔해질 수도 있으니 너무 억울해할 것도 없기는 하다. 그러나 힘 들여 쌓아온 지식이 무용지물로 느껴질 때는 정말이지 억하심정이 들지 않을 수 없다.

아직 인터넷에는 문외한이던 시절이었다. 꽤 오랜 동안 애를 써서 우리말 잠 이름을 수십 개 수집하고 글을 한 편 쓴 적이 있었다. 그 글을 읽은 젊은 문우가 내게 소재를 인터넷에서 찾았느냐고 물었다. 인터넷에서 찾으면 이런 소재쯤이야 쉽게 찾을 수 있다는 말로 들려 기분이 상하면서 허망한 마음이 들었다. 인터넷만 뒤지지 말고 책도 좀 읽으라고 쏘아주고 싶었지만 이번에는 농담이 아닌 진담으로 노친네 소리를 들을 것 같아 참았다. 그 일을 계기로 당장 인터넷을 배웠는데 그 속에 내가 수집한 우리말 잠 이름의 절반도 안 되는 이름이 있는 것을 보고 좀 위안이 되었다.

책도 공부도 필요 없고 인터넷만 남는 세상을 상상해야만 할까? 쌓은 지식에 상관없이 신종문화 앞에서는 갈데없는 맹문이가 되기 일쑤고, 전문용어의 홍수 앞에서는 꿀 먹은 벙어리가 되기 다반사니 사람이 사는 세상인지 기계가 사는 세상인지 아리송할 때가 많다. 인터넷만 열면 얻지 못할 지식이 없는 세상에 애써 습득한 공부가 다 무슨 소용일까?

플라톤에 의하면 물질은 미망(迷妄)의 세계요 Idea(이념, 도덕 가치로서의 최고선)의 세계만이 진실이다. 물질은 정신을 찾기 위한 하나의 수단에 지나지 않으므로 물질이 인간의 목적이 되어서는 안 된다고 플라톤은 말한다. 물질중심의 사고에서는 인간도 물질처럼 하나의 에너지로 인식되므로 자칫하면 사람의 가치가 기계보다도 못하게 된다는 것이다. 기계가 아무리 똑똑해도 그것을 만든 아이디어는 사람의 두뇌에서 나온다. 누가 뭐래도 기계보다 사람이 우월한 것이 분명한데도 나는 왜 그 기계나 물질에 무시당하며 산다는 생각이 자꾸 드는 것일까?

가끔 시골 호숫가의 친지 집을 찾는다. 물과 들과 바람 속에서 플라톤의 이데아를 생각하며 물질이나 기기가 아니라 내가 내 삶의 주인이 되는 꿈을 꾼다. 나를 지청구하던 문우에게 전화도 문자도 필요 없으니 문득 깜짝 반가운 손님으로 오라고 생색내는 생활을 꿈꾸면서 그것이 플라톤의 이데아의 세계라고 나름대로 해석해 본다. 그 꿈들을 소중히 접어 호숫가 풀숲의 철새 둥지 속에 묻어두고는 아쉬워하면서 돌아온다. 그러고는 여전히 기계문명의 변두리를 서성대면서 산다.

3.

얼간이 법칙

　성격이 침착하지 못한 사람을 두고 덜렁댄다고 한다. 나는 침착해 보인다는 말을 가끔 듣는데 실상은 겉보기와 달리 상당히 덜렁대는 편이라고 실토해야겠다. 그 단적인 예로 나는 집안에서 내가 보관해둔 물건을 잘 찾아내지 못한다. 그런 약점을 감안해서 잘 보관한다고 하는데도 그런 물건일수록 더욱 못 찾으니 참말이지 답답한 노릇이다. 기억력에 문제가 있는지 보관에 문제가 있는지 당최 알 수가 없다.
　집에서 내가 찾지 못하는 물건을 찾아내는 사람은 항상 큰딸이다. 딸은 본인이 둔 물건을 그렇게나 못 찾는 나를 이해하지 못하고, 나는 자기가 둔 물건이 아닌데도 그리 쉽게 찾아내는 딸을 이해하지 못한다. 분명히 비결이 있다 싶어 물어보지만 대답은 항상 똑같다. 물건의 종류에 따라 보관할 만한 장소가 대강 짐작이 가지 않느냐고 한다. 그래서 나도 그런 식으로 생각을 해보려고 애

쓰지만 뜻대로 된 적은 별로 없다. 생각과 생판 다른 곳에서 물건이 나오기 일쑤다. 그러니 어쩌면 못 찾기보다 보관 자체에 문제가 있는지도 모른다.

겨우겨우 어떻게 찾아낸 물건은 영락없이 내게 '얼간이 법칙'을 증명해준다. 찾는 물건은 항상 마지막으로 찾는 곳에서 발견된다는 얼간이 법칙 말이다. 이런 법칙까지 있는 것을 보면 세상에는 나처럼 물건을 잘 찾지 못하는 사람이 또 있구나 싶어 좀 위안이 된다. 그런데 어떤 이가 여기에 또 한 가지 이론을 추가했다. 찾는 물건은 항상 맨 처음 찾아본 장소에 있는데도 처음에는 눈에 띄지 않는다는 것이다. 그 두 가지 법칙이 모두 나를 두고 하는 말이니 내가 바로 그 얼간이가 아니고 무엇이랴?

참으로 말하기 부끄러운 얘기지만, 큰아이가 결혼해서 외국으로 간 뒤 내가 가장 답답했던 것은 물건을 찾는 일이었다. 수시로 국제전화를 걸어 "얘야, 아무것이 어디 있는지 너 아느냐?"고 물었다. 거의 매번 딸이 찾아보라고 한 곳에서 물건이 나왔다. 오죽했으면 딸아이가 "엄마, 그냥 방바닥에 다 내 놓고 사세요." 했을까. 이토록 창피한 버릇을 평생 고치지 못하는 내가 정말이지 안타깝다.

이건 좀 다른 얘기지만, 어제는 집안에서 휴대폰을 잃어버렸다. 분명 아침나절에 쓴 전화기가 아무리 찾아도 보이지를 않았다. 집 전화로 내 휴대폰에 전화를 걸어 보니 명쾌한 벨 소리가 집안을 울렸다. 그런데도 찾지 못하는 것은 내가 한쪽 귀를 전혀 듣지 못하는 까닭이다. 원래 귀가 하나 뿐인 동물이 있는지는 모르겠지만 아마도 귀는 꼭 두 개여야 하리라 싶다. 한쪽귀로만 들으면 소리의 방향이나 거리를 가늠하기가 어렵다. 이쪽인가 하면 저쪽 같고 저쪽인가 하면 이쪽 같고 나중에는 사방에서 소리가 울려 머리에 쥐가 나려고 한다. 눈앞에 있는 물건도 그냥 지나치는 덜렁이에 귀까지 시원찮으니 설상가상으로 결국 나는 더욱더 물건을 못 찾는 사람이 되고 만다.

발목이 시큰거리도록 우왕좌왕하다가 결국 전화기 찾기를 포기하고 작은딸을 불렀다. 현관문 밖에서 미리 내 휴대폰을 울려 놓고 들어선 딸이 곧장 거실 장식장 앞으로 가더니 그 위에서 울리고 있는 전화기를 집어 내 손에 '꽉' 쥐어 주었다. 그러자 아침에 그 장식장 앞에 서서 통화를 했던 기억이 났다. 그때 마침 밖에 누가 찾아온 바람에 급히 끊은 전화를 그 위에다 올려놓았던 것이다. 기억이 났으니 그나마 치매는 아니라 싶어 허탈한 한숨을 내쉬었다.

장식장 위는 내 머리높이쯤인데 전에는 그렇게 높은 곳에다 휴대폰을 올려놓은 적이 한 번도 없었다. 귀의 약점 때문에라도 휴대폰은 꼭 문갑 아니면 책상 위에 두는 것이 내 원칙이다. 그러니 휴대폰을 찾을 때 생각을 책상높이 이상으로 올릴 수가 없었던 것이다. 생전에 친정어머니께서 날더러 차분하게 생각하지 않고 덜렁댄다고 하시던 말씀은 결코 공연한 꾸지람이 아니었다. 나는 숨기려야 숨길 수 없는 덜렁대는 성격임이 분명하다.

학교에 다닐 때는 소풍가서 보물찾기에 단 한 번도 성공해 본 적이 없고 시험에서 틀린 답은 거의가 문제를 꼼꼼히 읽지 않아서 생기는 결과였다. 그렇다고 마냥 덜렁대기만 하는 건 아니라고 변명하고 싶은 것이 나는 그림을 그리거나 바느질을 할 때 누구보다도 꼼꼼하고 침착하다고 자부한다. 참으로 알지 못할 이중성이다.

덜렁대는 성격도 성격이지만 내가 생각을 책상 높이 이상으로 올리지 못한 데에는 실상 크게 일조하는 공신이 하나 있다. 바로 직선적이고 답답한 내 고지식함이다. 고지식해서 융통성이 없는 내 머리는 한번 입력된 생각은 그대로 굳어 고정관념이 되면서 좀처럼 수정이 안 된다. 처음에 '갑'이었으면 끝까지 갑이어야지 중간에 '을'로 변할 수는 없으니 누가 뭐래도 나는 지조가 굳은 사람이다. 기면 기고 아니면 아니지 어찌 사람이 생각을 요랬다조랬다 조석 간으로 바꿀 수가 있단 말인가? 한 번 '휴대폰은 여기에'라고 했으면 죽어도 여기여야지 왜 엉뚱한 곳으로 물건을 내돌리느냐는 말이지. 그러니까 물건은 둘 때 잘 두어야 한다는 말이 정답인가 싶다.

그런 고지식한 두뇌라면 처음에 물건을 둔 장소가 왜 고정관념으로 남지 않는지는 나로서도 풀리지 않는 큰 의문이다. 평생 없던 침착성이 이 나이에 새삼 생길 것 같지는 않고 얼간이 법칙이라도 좋으니 보관해 둔 물건을 제발 필요한 때에 찾아 쓰거나 했으면 좋겠다. 오늘도 나는 아이들에게 입버릇처럼 말한다.

"얘야, 쓰고 나서 제발 내가 둔 자리에 두어라."

사랑의 작은 빨간색

 언젠가 아이들이 쓰는 크레파스의 '살색'이라는 색깔 이름은 잘못이라고 어떤 이가 지적한 글을 보았다. 이후에 그 부분이 개선되었다는 말을 듣고 시대에 맞는 적절한 지적과 개선이라 싶어 공감이 갔다. 다른 나라에도 그런 식의 색깔 이름이 있는지는 모르겠지만 색깔에 대한 고정관념은 각 문명이나 종족에 따라 다르고 좋아하는 색깔에도 차이가 있게 마련이다.
 예로부터 우리 민족은 흰색을 좋아하고 이웃나라 중국인들은 빨간색을 좋아한다고 알려져 있다. 나는 딸아이가 살고 있는 중국을 자주 오가는데 그때마다 그들이 참 어지간히도 빨간색을 좋아한다는 사실을 확인하곤 한다. 교통 신호등의 빨간색이 정지신호인 것은 세계가 공통인 줄로 알았는데 중국에서는 빨간색을 주행신호로 사용한 적이 있었다고 한다. 사회주의정권이 들어서던 시기 한때의 정치적인 제스처였다고는 하지만 역시 워낙 빨간색을 좋아하는 민족이라 그런 발상이 나왔으리라 싶다.

평소에도 그렇지만 중국인들은 무슨 행사가 있을 때면 행사장을 온통 빨간 색깔로 도배를 하다시피 한다. 그런데 그 빨간 색깔들은 대개가 채도(彩度)가 낮고 탁해서 무거운 느낌을 준다. 그 느낌은 지금까지 내가 빨간색에 대해 가지고 있는 밝고 부드럽다는 인식과는 상당한 거리가 있다.

내가 처음으로 중국에 간 것은 2002년 우리나라에서 열린 월드컵 경기가 종반에 이를 무렵이었다. 붉은 악마를 비롯한 수많은 사람들의 빨간색 물결이 텔레비전 화면은 물론이고 거리마다 넘쳐나던 때였다. 그 붉은 물결을 처음 만났을 때 나는 이상하게도 평소에 익숙했던 빨간색과는 전혀 다른 어떤 이질감을 느꼈다. 나도 모르게 감정이 격해지면서 속이 매슥거릴 것 같은 불안하고 불온한 느낌이었다. 색깔의 명도(明度)나 채도의 차이에서 오는 이질감은 분명 아니었다.

그러던 차에 가게 된 북경에서 그 이질감을 다시 만난 것은 참 의외였다. 너무 커서 위압감이 드는 빨간색이 곳곳에서 마치 야수처럼 눈을 부라리며 아우성을 치는 듯했다. 거대한 건물에 걸린 거창한 빨간 현수막. 무지막지하게 큰 간판에 쓰인 솥뚜껑만큼 큰 빨간 글자. 그렇게 온통 빨간 색깔의 거리에서는 당최 안정감을 가질 수가 없었다. 방금 우리나라에서 휘둘리다 온 바로 그 붉은 물결 속에서 계속 허우적이는 느낌이었다.

딸네가 이사를 한 연고로 요즘은 북경이 아닌 항주를 오가는데 역시 이곳도 빨간색이 넘쳐나기로는 매한가지다. 어느 날 주눅이 들만큼 큰 대형마트에 들어갔는데 2층으로 올라서는 순간 눈앞에 펼쳐진 놀라운 광경에 잠시 숨을 멈추었다. 시뻘건 화염 같은 빨간색이 마치 살아 움직이는 생명체처럼 꿈틀거리고 있었다. 연말연시 특수를 기다리는 빨간색 상품들이 그 큰 매장의 거의 절반을 차지하고 천장 꼭대기까지 쌓여있었다. 보는 이의 생각을 빼앗고 혼도 빼앗을 듯이 위협적인 그 거대한 빨간색 앞에서 나도 모르게 탄식 같은 신음 한마디가 흘러나왔다.

"아 미치겠다!"

집을 꾸밀 때 중국인들은 황금색도 쓰지만 대체적으로는 빨간색 일색이라 해도 과언이 아니다. 출입문에서부터 기둥 벽 할 것 없이 집안을 온통 빨간색 천지로 만들어야 만족하는 것 같다. 우리나 중국이나 빨간색을 벽사(辟邪)의 수단으로 쓰는 것은 오랜 전통이지만 중국인들의 무조건적인 빨간색 사랑은 우리와는 급수가 다르다.

흔히들 빨간색은 자극성이 강해서 공격성을 유발한다고 말한다. 빨간색에는 사람들로 하여금 자신도 모르는 사이에 감정이 고조되고 일체감에 휩싸이게 하는 강한 힘이 있다고도 한다. 그래서 빨간색은 전투적이고 선동적인 자극성을 가지고 있다고 평가된다. 강한 힘을 나타내거나 단체행동으로 목적을 달성하려는 사람들이 빨간색을 많이 사용하는 것도 그런 이유에서다.

빨간색을 평가한 그 모든 말에 공감한다. 그러나 그것은 어디까지나 커다란 빨간색인 경우에 국한되는 말이라고 나는 주장하고 싶다. 그러니까 빨간색은 그 크기나 사용 방법에 따라 위협적이고 강력하게 보일 수도 있고 반대로 따뜻하고 부드럽게 보일 수도 있다고 생각하는 것이다. 다른 색깔에서는 그렇게까지 판이한 이 중성을 느껴본 적이 없다.

빨간색은 내가 평생을 두고 변함없이 좋아하는 색깔이다. 빨간 실크 원피스를 입고 외출하는 날 나는 온종일 따뜻하고 친절한 마음으로 지낸다. 비 오는 날 들고 나서는 빨간 우산이나 핸드백은 자칫 우울해지기 쉬운 기분을 얼마나 밝게 해 주는지 모른다. 아끼는 빨간색 구두를 신고 나서는 날 내 걸음걸이는 아마도 가볍고 우아하게 보일 것이다. 지닌 지 오래 된 볼펜 한 자루는 빨간색이라는 이유 하나만으로도 당연히 나의 애장품이다.

그러니까 내가 좋아하는 빨간색에는 분명히 해두어야 할 구분이 하나 있다. 색깔을 크기로 말하는 것이 가능한 일인지 모르겠지만 내가 좋아하는 빨간색에는 '작은 빨간색'이라는 이름을 붙여 주고 싶다. 거대한 빨간색은 내가 좋아하는 빨강이 아니다. 채도와 명도가 너무 낮아도 내가 좋아하는 빨강은 아니다. 겉은 작지만 속은 크고 따뜻하며, 밝아서 시선을 끌지만 결코 가볍지는 않은 순색의 빨강. 그 작은 빨간색은 장미꽃처럼 사랑스럽고 실크 드레스처럼 우아하다. 명랑하고 부드러우며 따뜻하고 친절하다. 결코 전투적이지도 위협적이지도 않다.

사랑을 색깔로 표시하라고 한다면 민족이나 나라에 상관없이 대개가 붉은 계통의 색을 선택하지 않을까? 살색이라는 명칭처럼 한 민족만이 인식하는 색깔이 아니라 온 세상 사람들이 공인하는 사랑의 빨간색을 나는 좋아한다. 그러나 그건 어디까지나 작은 빨간색이다.

친구야

친구야, 올해 우리 시골집 포도 알이 왜 이렇게 자잘하게 되었는지 아니? 그동안 내가 너무 바빠 한 번도 내려오지 못한 탓이야. 적어도 한 번은 솎아줬어야 했는데. 그래도 맛은 아주 좋아 먹어봐. 개미들 꼬이는 것 좀 봐. 와! 친구야 이렇게 큰 개미는 처음 봐. 이 개미와 저 개미 그리고 저어기 저 개미는 모두 서로 다른 집 애들인가 봐. 크기도 다르고 색깔도 다르잖아. 어디에 집 짓고 사는지 우리 따라 가보자. 여기다! 큰 개미는 이 창고 밑에 집이 있나보다.

친구야, 우리 오늘은 꼭 프랑스와 씨네 목장으로 송아지 보러 가자. 가다가 또 삼천포로 빠지지 말고. 자두 좀 따서 주머니에 넣고 가면서 먹을까? 친구야 여기는 이렇게 아무데나 자두나무가 흔하네. 벌이 너무 많아 좀 무섭다. 우리나라는 빨간색 자두가 대부분인데 여기는 거의가 노란색이네. 세상에나! 자두가 꿀보다 더

달잖아.

친구야, 여기 이 집이 앙리 씨네 별장이야. 거 왜 그저께 저기서 만났던 할머니 있잖아. 파리에서 우리보다 며칠 먼저 내려오셨다던. 으-응 그래. 근데 친구야 이 집도 마당에 과일들이 엄청 떨어져 쌓였어. 노인들뿐이라 아무도 거둘 사람이 없어 그냥 떨어져 썩는 거야. 별장이라 더 그래. 우리 며칠 내로 아이들 데리고 노부부께 인사 오자. 오랜만에 이 집 숲으로 소풍도 갔으면 좋겠다. 우리 애들 어렸을 땐 여름방학에 내려올 적마다 도시락 싸서 자주 소풍 갔는데. 아! 참, 숲에서 길 잃어 놀란 적도 있었지. 저기 지평선 너머까지 이 숲 전체가 앙리 씨 집 담 안이거든. 앙리 씨는 자기 집 뒷마당 숲에서 며칠씩 사냥하고 돌아오곤 해. 멧돼지도 잡아 오고 노루도 잡아 와. 나이가 많아서 요즘은 사냥은 안 하신대.

친구야, 이쪽 해바라기 밭길로 곧장 가면 우리 시댁 조카 미셀네 집이야. 다음 주에 걔네 아기도 볼 겸 우리 같이 방문하자. 미셀은 쟌느와 사이에 아들 하나 낳고 사는데 그 애들 어쩌면 결혼할지도 몰라. 그래서 지금 집안사람들 모두 굉장히 기대하고 있어. 뭐? 그럼 아이 낳고 사는 여자와 결혼 안 할 참이었단 말이야? 여기는 대개들 결혼 안하고 살거든. 하하 그렇구나, 여긴 프랑스지.

친구야, 저 앞에 우리 시부모님 묘소가 있어. 아! 동네 변두리에 이렇게 아담하고 정갈한 공동묘지라니 참 인상적이야. 여긴 다들 이렇게 동네마다 작은 공동묘지에 가족 묘지를 가지는 게 원칙이야. 쓸쓸하지만 포근해서 전혀 거부감이 느껴지지 않네. 그래 그렇지? 나도 죽으면 여기로 올 거야. 뭐? 너 죽으면? 아! 맞아. 넌 프랑스 사람에게 시집갔지. 네가 다른 나라 사람이 되었다는 게 실감나네.

그런데 여기 이 푹 꺼진 무덤은 자손이 손질을 안 하나보다. 2차 대전 때 싸워보지도 않고 독일군에게 파리를 내주었다고 비난 받았던 고위관리 집안의 가족묘지야. 본인 말로는 파리가 폐허가 되는 것을 막으려고 그랬다고 하지만 그렇다고 책임을 피할 수는 없었지. 전쟁 후 집안이 모두 어디 다른 곳으로 옮겨 갔는지 이젠 아무도 이곳에 남아 있지 않은 것 같아.

친구야, 조심해. 그쪽도 웅덩이야. 야~ 여기 웅덩이에 낚싯대가 있다. 우리 낚시 한번 해보고 갈까? 사방에 물웅덩이가 많은 걸 보면 이 지방은 물이 많은 곳인가 보다. 그러니까 평지에 이렇게 숲이 울창하지. 그래 맞아, 그래서 마을 이름도 이런 큰 나무들이 많은 곳이라는 뜻을 가지고 있어. 그런데 아무래도 이곳 풍경은 어디선가 많이 본 것 같이 낯이 익어. 인상파 화가들이 그린 농촌 풍경이나 풀밭 그림과 똑 같잖아. 혹시 그 그림들 모두 여기서 그린 것 아니야? 후훗~.

친구야, 드디어 프랑스와 아저씨네 목장이야. 저쪽에 아기 젖소들이 많이 보이지? 와~ 어미소, 아기소 모두들 우리한테로 몰려오고 있어. 누가 왔나 보러 오는 거야. 항상 저렇게 몰려오곤 해.

저희도 하루 종일 사람 구경하기 힘들거든. 어머! 이 아기 송아지 좀 봐 어쩌면 이렇게 귀여울 수가. 정말 엄마소도 얼룩소 엄마 닮았네. 와우! 얘들 눈에 흰 구름 떠가는 것 좀 봐. 파란 하늘에 둥둥 떠가고 있어. 너 이리 좀 와 봐. 요 신기한 까만 코 좀 보자. 그런데 젖소들 옷이 우리 옷보다 훨씬 더 멋지지 않니? 어느 송아지가 제일 예쁘게 입었나 뽑아보자.

요것들 봐라. 이젠 우리 구경할 것 다 했고 놀 것도 다 놀았다 이건가? 슬슬 엄마들한테로 가버리잖아. 흥! 녀석들아 그러잖아도 우리도 이제 갈 참이었거든. 얘들아 다음에 또 만나서 놀자 안녕-.

친구야, 집까지 가면서 우리 이 베리들 좀 딸까? 다 떨어지기 전에 따다가 잼 좀 많이 만들고 싶어. 방학 끝나고 파리에 돌아가면 나누어 줄 집이 많거든. 너도 우리 시골집에서 여름휴가 보낸 기념으로 많이 가지고 가. 이제 그만 따고 어서 잼 만들러 가자. 근데 친구야, 우리 매일 왜 이렇게 바쁜 거지?

시골로 가을여행을

"가을엔 편지를 하겠어요/ 누구라도 그대가 되어 받아 주세요/ 낙엽이 쌓이는 날/ 외로운 여자가 아름다워요."

가을이면 나도 모르게 흥얼거려지는 노래. 시도 물론 좋지만 시어에 알맞추 작곡된 멜로디가 정말 아름답다. 나는 특히 '외로운 여자가 아름다워요'라는 끝부분이 좋다. '여-'에서 박자를 약간 늘여 한껏 감정을 실어보는 것이 내가 이 노래를 즐기는 또 하나의 재미다. 그러자면 제멋에 겨워 눈물이 핑 돌기도 하는 대목이다.

좀 늦은 가을여행으로 막 추수를 끝낸 남동생 네에 다녀왔다. 친정이라는 따뜻함과 함께 동생네에는 항상 읽을 만한 책이 있어서 마음이 편하다. 젊은 날 멋진 육군 장교였던 동생은 이젠 빈틈없이 완전한 농부할아버지가 되어 언제 보아도 믿음직한 모습이다. 나이 먹을수록 어머니를 닮아가는 나처럼 동생은 점점 더 아버지 모습을 닮아가는 것이 신기하다. 나도 그럴지 모르지만, 동생은 모습뿐만 아니라 이젠 하는 짓이나 말투까지도 영락없는 아버지여서 수시로 웃음을 터뜨리게 한다.

가을여행은 특히 더 그렇지만 나는 여행은 혼자 가는 것을 좋아한다. 여럿 속에 섞여 가는 여행은 어쩐지 마음이 산란하게 마련이지만 혼자 떠나보면 적당한 긴장감으로 생각이 모아지면서 여행 자체에 집중할 수가 있다. 단출하게 혼자 떠나고 호젓하게 혼자 돌아오는 좀 쓸쓸한 듯도 한 그 시간을 나는 좋아한다.

예전에는 혼자 여행길에 나설 때면 원칙 같은 습관이 하나 있었다. 차 시간보다 한 시간 정도 일찍 역이나 터미널에 도착하는 습관이었다. 도착하면 우선 차표를 사고 승차장을 확인한 후 천천히 구내를 돌아본다. 그러다가 좋아하는 커피를 사서 적당한 자리를 찾아 앉는다. 여유롭게 커피를 홀짝거리면서 주위 풍경에 눈을 파노라면 자연스럽게 나도 풍경의 일부가 된다. 마음이 가라앉으면서 차분히 일정을 짚어보기도 하는 그 시간은 말하자면 혼자 떠나는 내 여행의 전주곡이었다.

이즈음은 그 전주곡이 생략된 여행을 떠난다. 차 시간에 맞추어 적당히 집을 나서게 되었으니 예전 같은 여유시간은 없어졌다. 전주곡 없이 바로 전개되는 여행은 마치 준비 없이 올라선 무대 같아서 어수선한 마음이 쉬 안정되지 않는 것이 큰 흠이다.

요즘의 역이나 터미널에는 오가는 사람이 무수히 많아서 예전처럼 한갓진 분위기를 찾아볼 수가 없다. 나처럼 할 일 없이 어슬렁거리는 사람도 드물다. 모두들 바쁜 걸음으로 들어서서 급히 차표를 사고 지친 모습으로 차 시간을 기다린다. 시간에 쫓기며 바쁘게 사는 현실이 적나라하게 드러나는 현장에서 내 여유로운 표정이 조심될 정도다. 모두들 목표를 향해 달리는데 나만 혼자 방향 없는 이방인으로 떠도는 것 같은 공연한 서글픔이 들기도 한다. 시절 모르고 나서는 여행자의 철없는 멜랑콜리라고나 할까. 마음 내키는 대로 무시로 나서는 내 여행이란 어차피 얼빠진 돈키호테의 무모한 가출 같은 것인지도 모른다.

역이나 터미널에서 오래 지체하기 어려운 이유는 또 있다. 요즘 역이나 터미널에는 앉아 쉴만한 곳이면 어김없이 대형 텔레비전 화면이 설치되어 있다. 쉴 새 없이 펄럭이는 화면에서 시선을 피해 보려 해도 마땅히 눈길 둘 데가 없어 조급하고 초조한 심정으로 기다리다가 차를 타게 된다. 혼자 떠나는 여행의 재미가 훨씬 줄어든 셈이다.

무시로 떠나는 나의 여행이란 어쩌면 여행이라기보다는 나들이라고 말하는 것이 더 어울릴지도 모른다. 어디 해외로 나서는 것도 아니고 목적이 있는 것도 아닌 그저 단순한 나들이 수준이니 말이다. 목적지에 가서 이삼일이나 일주일 내외를 그저 죽치고 있다 오기가 십상이다. 아무 생각 없이 그곳 생활에 묻혀 들거나 실컷 해바라기를 하기도 한다. 방해 받지 않고 맘껏 책을 읽거나 하릴없이 빈둥거리다 오는 단순한 나들이다.

혼자 떠난다는 것은 현실로부터 문득 나를 돌려세워보는 일이다. 뚝 떨어진 곳에서 뒤돌아보면 내가 지나온 길이 잘 보인다. 크고 무거워 두고 온 일상도 멀리서 보면 작아 보인다. 꼭 의도하지 않아도 조용히 자신과 주변을 들여다보게 된다. 천천히 그리고 유심히 나를 살펴보면서 때로는 깨달음 비슷한 자각을 얻기도 하고 추락한 자존감을 추스르기도 한다. 나들이 수준일지라도 내게는 소중한 여행인 이유다.

가을걷이가 끝나고 말끔히 정리된 밭둑은 걷기에 좋았다. 근면하고 정직한 농부들의 땀이 함빡 밴 들녘에 황혼이 내리는 시간. 할 바를 다한 만추의 산야는 만족한 듯 푸근한 휴식에 들었고 심심해서 소슬해진 한 줄기 가을바람만이 빈 밭고랑을 따라 마른 낙엽을 굴리며 놀고 있었다.

"…낙엽이 사라진 날 헤매인 여자가 아름다워요."

마음은 어느 사이에 이미 옛 시절로 돌아가 있었다. 빛나던 그 시절로 돌아가 누군가 나를 외로운 여자로 봐주기를 기대하며 노래를 불렀을까? 피식 헛웃음을 흘리며 추억 어린 옛 편지를 꺼내어 읽듯 조용히 노래를 흥얼거렸다. 어쩌면 그 옛날 누군가에게 가을편지 한 장 띄워 보내는 심정이었는지도 모른다. 아니면 언젠가 가을 산사에 머물면서 내게 불타는 낙엽 한 장을 보내왔던 그 누구를 떠올렸던가? 이대로 낙엽처럼 사라져도 좋겠다는 감상에 푹 젖어들면서 적막감에 가슴이 저렸다.

문득 저만치 밭둑에서 동생댁이 나를 불러 정적을 깨웠다. 해도 졌는데 그만 들어가자며 두 팔을 크게 내젓는 동생댁의 몸짓이 아주 여유로워 보여 내 마음도 푸근해졌다. 혼자 여행길에 나서기 딱 좋은 계절이 그곳에서 나를 기다리고 있었다.

아버지를 생각하며

 북중 국경지대에서 구걸하며 숨어 지내는 북한 아이들의 참담한 상황이 텔레비전에서 방영되고 있다. 이른 바 '꽃제비'라는 아이들이다. 혹시 저 속에 내 사촌의 자손들이 있지는 않을까 라는 생각을 문득 해본다.
 우리는 6·25직전에 고향인 함흥(咸興)을 떠나 남쪽으로 내려왔다. 북한에서 정치색이 다른 아버지의 신변이 불안해진 급박한 상황에서였다. 그 당시에는 모두들 사회주의 세력이 곧 물러날 것으로 믿었다고 한다. 주목 받고 있는 본인만 두어 달 피했다 오면 될 터이니 혼자 가라는 형제들의 강요를 뿌리치고 아버지는 우리 가족을 데리고 내려오셨다. 선견지명이 아니었다 하더라도 아버지의 그런 결단이 없었다면 지금 우리가 어찌 되었을까? 실제로 아버지의 친지들 중에는 그 비슷한 처지에서 혼자 월남한 사람들이 있다.

우리가 내려온 후 전쟁이 터지자 북쪽에서 피난민들이 몰려 내려왔다. 아버지는 혹시라도 그 속에 집안사람이 있을까 싶어 수소문하곤 했지만 그런 일은 없었고 대신 어떤 이를 만나 함께 들어오시곤 했다. 1·4후퇴 때는 단신 월남한 낯모르는 처녀를 한 명씩 데려온 것이 세 명이나 되었던 적도 있는데 여자를 데려온 것은 그때뿐이었고 항상 남자손님을 데리고 오셨다. 전쟁이 끝난 지 십여 년이 지나도록 우리 집에는 그런 손님이 들어왔다. 손님은 그길로 우리 집의 객식구가 되어 짧게는 수개월에서 길게는 수년 씩을 머물렀다.

객식구를 데려온 날이면 아버지는 어머니더러 우리 먹는 상에 수저 하나만 더 놓으라 하셨다. 그러나 그 말은 정말 남자손님과 우리가 수저 하나 더 놓고 한 상에 앉는다는 말은 아니었다. 어머니에게는 반찬걱정 너무 하지 말라는 뜻이었고 손님에게는 내 집처럼 편히 생각하고 지내라는 뜻이었다. 그런데 웬일인지 그 손님들은 별로 외출하는 일이 없어서 어머니는 삼시세끼 손님방에 독상을 들였다.

어린 나이부터 중국에서 오랜 유학생활을 했던 아버지는 책임감과 생활력이 아주 강하셨다. 그러나 우리 집에 온 남자손님들은 혼자 몸이 되어 그런지 아버지와는 달랐다. 그들은 북에서 부유하게 지내던 사람들로 그중에는 시인이나 화가도 있었는데 막일이라도 해야 하는 현실에 얼른 적응하지 못하는 사람들이었던 것이다. 끝임 없는 객식구 수발에 때로는 짜증을 숨기기도 하던 어머니였지만 객이 떠나고 나면 으레 하는 말씀이 있었다. "든 자리보다 난 자리가 더 커 보인다."는 말이었다.

그 시절에는 세 끼 끼니 걱정만 없으면 친척이든 남이든 객식구 한둘쯤 같이 사는 것이 예사였다. 입 하나 더는 것이 중요 관심사일 만큼 먹고 살기가 힘든 시절이었다. 우리 집에도 밥만 먹여달라고 들어오는 부엌일하는 언니가 두 명씩 되는 적도 있곤 했다. 넉넉하지 않은 형편에도 나그네를 데려와선 차린 상에 수저 하나 더 놓고 지내자 하고 그 객이 떠나고 나면 든 자리보다 난 자리가 더 커 보인다고 말하는 인정이 살아있는 시절이었다.

어느 날 아버지는 의형님인 큰아버지를 만나 모시고 왔다. 큰아버지는 아버지와 동향(同鄕)으로 어려서부터 부모님이 맺어준 의형제였고 오랜 동안 같이 중국에서 수학한 사이였다. 큰아버지는 자신을 지도자로 추대하려는 북한의 정치상황을 피해 우리보다 더 후에 남쪽으로 오셨다. 그러나 뜻밖에도 남쪽에서는 사회주의자로 수배인물이 되어 숨어 다니다가 우리 집으로 오신 것이었다. 사실은 그 시절에 그런 사람을 숨겨주는 것은 여간 위험한 일이 아니었다. 온 집안이 풍비박산 날지도 모르는 중대한 사안이었다.

큰아버지는 한동안 우리 집에 계시다가 다른 곳으로 거처를 옮겼는데 얼마 후 검거되고 말았다. 그 시대에 사상범이라면 얼마나 모진 고문을 겪었을지 짐작이 가고도 남는 일이었다. 사경을 헤매는 고문에도 큰아버지는 우리 집에 숨어 지냈던 사실을 밝히지는 않았다. 후에 구사일생으로 방면되기는 했지만 그런 이력의 영향으로 그 가족들은 참으로 힘든 삶을 살았다. 큰아버지를 얘기할 적마다 아버지는 "시대를 잘못 타고 난 것이 죄다. 아까운 인물이 그렇게 썩고 마는구나."라고 한탄하셨다.

아버지의 말씀으로는 큰아버지가 중국에서 한때 사회주의에 심취했던 것은 사실이나 이미 버린 지 오래였고 귀국할 당시에는 아나키스트(anarchist: 무정부주의자)로 더 알려져 있었다고 한다. 큰아버지는 북쪽의 사회주의에 실망한 것과 마찬가지로 남쪽의 정치에도 절망한 아나키스트일 뿐이라고 아버지는 늘 말씀하셨다.

근본적으로는 아버지도 아나키즘을 옹호하셨다. 아나키즘은 결코 허무주의나 허구가 아니며 현실정치에 실망한 사람이 택하는 도피처도 아니라고 강조하셨다. 아나키즘은 정치사상이라기보다는 평화와 인간애를 추구하는 이념의 하나이며 모든 정치사상의 근본이 되어야 하는 사상이라고 주장하셨다. 해방 후 혼란한 시기에 우리나라에서 아나키스트라는 사람들이 폭력에 휩쓸렸던 것은 우리의 특이한 정치상황 때문이었지 결코 아나키즘의 본모습은 아니라고 하셨다. 아버지의 아나키즘 옹호론은 항상 열성적이고 학구적이었지만 나는 아직 공부가 태부족한 나이였다.

아버지는 현실적으로는 정치소견이 확고하셨다. 자유당 시절에 야당인 민주당의 핵심인사들과 가깝게 지내면서 후원한다는 이유로 무소불위의 권력을 휘두르던 자유당으로부터 불이익도 더러 당했지만 조금도 개의치 않으셨다. 그러나 겨우 눈뜨는 민주주의의 싹을 절단하고 들어선 군사정권 이후로는 평생을 두고 아버지가 정치적으로 누군가를 후원하는 것은 본 적이 없다. 아버지 역시 큰아버지처럼 희망을 안고 내려온 남쪽의 정치상황에 결국은 실망한 아나키스트였다.

북한에 공산정권이 완전히 자리를 잡으면서 우리 가족이 월남한 사실 때문에 큰집들이 불이익을 겪었으리라는 것을 우리는 짐작으로도 알고 풍문으로도 알았다. 모종의 대숙청 사건에 휘말려 고위직에 있던 큰집을 위시한 집안 대소가가 남아난 집이 별로 없다는 사실도 풍문으로 알았다. 그렇다 치더라도 남은 자손이 전혀 없기야 하랴 싶지만 정작 저 텔레비전 화면 속의 꽃제비들 속에 그들이 있다고 해도 알아볼 도리는 없다.

통일이 되면 고향집에 꼭 한 번 가보고 싶다는 생각을 버려 본 적은 없다. 돌아가신 아버지가 고향집에서 나를 기다리고 계실 리도 만무한데 왜 그곳에 가면 아버지를 만날 것만 같은 엉뚱한 망상을 버리지 못하는지는 나도 알 수가 없다.

아주 오래된 기억

　어떤 이가 두 살 적 일을 기억한다고 말하는 것을 듣고 무척 놀랐다. 나는 얼마나 어릴 적의 일을 기억하고 있을까 새삼 궁금해진다. 정지된 화면처럼 남아 있는 희미한 영상은 내가 얼마나 어릴 적의 일이었을까? 부모님이 모두 일찍 돌아가셨으니 물어볼 곳도 없다.
　내 짐작으로 가장 오래된 기억은 아마도 북한에서 살던 서너 살 무렵의 일인 것 같다. 함흥(咸興)의 우리 집에서 가까운 곳에 로스께(러시아 군인을 그렇게 불렀다)부대가 있었다고 한다. 일의 전말은 잘 모르지만 나는 가끔 한 로스께를 따라 군부대에 들어가서 놀다 오곤 했다. 아침을 먹고 난 후 어머니가 부엌으로 들어가면 나는 밖으로 나가 대문간에 오도카니 서 있었다. 그러면 그 로스께가 와서 나를 번쩍 들어 한 쪽 어깨에다 올려 앉히고는 내 두 팔을 쳐들어 춤추듯 펄렁대며 군부대로 들어갔다. 거기에서 아마도 러시아 빵이었을 너무 큰 떡을 들고 먹었던 것과 그 로스께인지 다른 로스께인지는 모르지만 내 저고리 앞섶에다 옷핀 비슷한 것을 주렁주렁 매달아 주던 기억이 난다. 놀고 난 후에는 그가 다시 나를 어깨에다 올려 앉혀 우리 집 대문 앞에 내려놓고 갔다는데 그런 기억은 남아있지 않다. 내가 지금까지도 그 로스께를 기억하고 있는 데에는 사실 그럴만한 계기가 있다.

6·25동란 직전 이미 남북의 교통이 다 막혀버린 때 우리 가족은 죽을 고생을 하면서 남쪽으로 넘어왔다. 서울의 외가에 머물던 중 외할아버지께서 지방은행 지점장으로 가시게 되어 우리는 함께 지방으로 내려가 살았다. 그곳에서 살던 집 앞에는 공원 같이 크고 아름다운 별장이 하나 있었는데 일제 때 조성된 것이었다. 그때는 전쟁 후 군정 시절이었고 미군사령부가 그곳에 주둔하고 있었다.

어느 날 집 앞 골목에서 놀던 나는 뜻밖에도 저 쪽 골목 입구에서 로스께가 오가는 것을 보았다. 미군사령부 정문 앞이었다. 순간 벌떡 일어선 나는 급히 그 쪽으로 갔다. 바로 정문 앞까지 가서 보아도 그게 미군인지 러시아 군인지 알 턱이 없는 나였지만 그래도 보초병의 얼굴이 내가 찾는 로스께가 아닌 것만은 알았던 것 같다. 나는 다시 급히 발길을 돌려 우리 집 대문 앞으로 가서 꽤 오랫동안 오도카니 서 있었다.

이튿날부터 나는 아침을 먹고 나면 대문간에 나가 서서 그를 기다렸다. 그런데 이상하게도 분명 저기 어딘가에 있을 그 로스께가 나를 데리러 오지 않는 것이었다. 나는 날마다 보초병이 서 있는 정문 쪽으로 조금씩 더 다가가서 서 있었다. 어느 날 한 보초병이 나를 향해 무어라고 말하면서 손을 들어 저리 가라는 시늉을 했다. 나는 오히려 보초병 쪽으로 몇 걸음 더 다가갔다. 그랬더니 그가 와서 나를 번쩍 들어다 정문에서 뚝 떨어진 곳에 내려놓고 갔는데 아마 여러 날을 그랬던 것 같다. 누군가가 어머니께 그 사실을 말해준 모양이었다. 그날도 정문의 보초병을 뚫어져라 쳐다보고 서 있는데 어머니가 바삐 달려오더니 내 손을 잡아끌며 말씀하셨다

"얘야 어서 집에 가자. 저 사람은 로스께가 아니란다."

"아니야, 로스께야, 로스께야."

나는 잡힌 손을 빼내려고 몸을 비틀면서 울음을 터뜨렸다. 로스께가 아니라는 말이 그렇게나 서러웠을까? 이제 다시는 로스께가 나를 데리러 오지 않는다는 말인 줄로 알았던지 오래도록 울음을 그치지 않았고 며칠 밤을 두고 "로스께가… 로스께가…." 하면서 잠꼬대를 했다고 한다. 그것은 아마도 다섯 살 계집아이가 감당하기에는 너무 큰 이별의 아픔이었을 것이다.

북에서 내려온 후로 한동안 만나지 못했던 로스께를 그때쯤은 거의 잊었을 법도 하다. 그런데 모습이 비슷해 보이는 미군을 만나는 바람에 새삼 떠올리게 되지 않았을까 싶다. 그래서 그 일에 대한 기억이 비교적 또렷하게 남게 되었을 것이다.

그 집에서 여러 해를 살았지만 그 이상 아무 기억도 없는 것을

보면 이후로는 로스께거나 말거나 미군에 대해서는 관심을 접었던 모양이다. 그렇다고 그 로스께를 잊은 것은 아니었다. 왜 그랬는지 모르지만 나는 그 일을 꽤 오랜 동안 아무에게도 말하지 않고 마음속에 담아두고 지냈다.

  고등학생 시절의 어느 날 문득 어머니께 로스께가 나를 어깨에 앉혀 갔던 것이 몇 살 때였는지 여쭤보았다. 어머니는 그걸 기억하고 있느냐고 놀라시며 세 살 적 일이라 하셨다. 그 사람은 러시아어를 잘하는 우리 아버지와 친하게 지내던 러시아군 장교였다. 그는 나를 무척 예뻐했는데 고향집에 내 또래의 딸을 둔 사람이었다고 한다. 어머니께 그런 얘기를 들으면서도 내가 그의 얼굴을 기억하는 것은 아니었다. 약간 기억에 남아있었다 하더라도 미군을 만나면서 오히려 지워졌을지도 모른다. 다만 나를 내려다보던 그의 미소와 함께 군복 색깔일지도 모를 파스텔 톤의 연한 무채색이 아련하게 남아 있을 뿐이었다. 그리고 꽤 세월이 흐른 후까지도 그 로스께가 떠오를 적이면 무언지 모를 아릿한 아픔 같은 것이 싸-하니 가슴을 지나가곤 했다.

청자색 나팔꽃

　요즘 아침마다 새로운 일과가 하나 생겼다. 잠이 깨자마자 베란다로 나가 평소에는 열지 않는 저 안쪽의 창문을 열어젖히는 일이다. 이른 아침 화단에서 끼쳐드는 촉촉하고 싱그러운 흙냄새는 아파트 1층에 살면서 얻는 덤이다.
　그렇게 서둘러 창문을 여는 이유는 마당의 화단을 내다보기 위해서다. 심은 사람도 없다고 하는데 언제부터인지 화단에서 나팔꽃 한 포기가 자라났다. 지주목을 세워 주었더니 놀랍도록 번성해서 요즈음 한창 청자색 꽃을 피우고 있다. 소심하고 연약해 보이지만 나는 나팔꽃을 좋아한다. 백색이나 홍색도 좋고 청자색이면 더 좋다.
　나팔꽃이 무성하게 자라나고 있던 어느 날 뜻밖의 광경이 연출되어 있었다. 나팔꽃 덩굴줄기 하나가 길게 뻗어나가 옆에 서 있는 무화과나무 가지 끝의 잎사귀 하나를 팽팽하게 끌어당기고 있었다. 어정쩡하니 당겨진 가지가 아무래도 무화과나무의 본의는 아닌 듯싶어 좀 어이없기도 하고 딱해 보이기도 하는 신기한 장면이었다. 아무리 넝쿨이 더듬이를 힘껏 내뻗었다 해도 미치기에는 꽤 거리가 있는데 도대체 어떻게 무화과 나뭇잎을 붙잡았을까? 바람을 받은 나뭇잎이 넝쿨 쪽으로 기울어진 순간이 있었을까? 아니면 끈질기게 휘휘 내두른 덩굴줄기에 나뭇잎이 걸려들고 말았을까? 아무래도 지주목이 비좁아진 나팔꽃의 사정을 안쓰럽게 여긴 마음 넓은 무화과나무가 다정하게 손을 내밀어준 것만 같다. 넝쿨은 고맙게 그 손을 잡았을 것이다. 자신의 불편을 조금만 참아주면 이웃에게 큰 도움이 된다는 것을 무화과나무는 잘 알고 있는 듯하다. 경이로운 생명의 나눔이다.

그렇게 무화과 나뭇가지를 의지 삼은 나팔꽃 덩굴줄기는 부지런히 새로운 잎을 달면서 새살림을 차렸다. 그러더니 오늘은 새 집에서도 기어코 두 송이의 꽃을 피워냈다. 이슬을 머금고 아침햇살을 받아 반짝이는 청자색 빛깔이 보석처럼 고와서 탄성이 절로 나왔다. 순간 문득 한 기억이 떠오르면서 그동안 청자색 나팔꽃에서 느꼈던 알 수 없는 애틋한 감정이 불현듯이 그 정체를 드러냈다. 그렇다! 그 옛날 언젠가 꼭 저런 청자색을 오늘처럼 훅하고 숨이 멎을 만치 아름답게 느꼈던 적이 있다. 어떤 이의 홈스펀 양복 속으로 보이던 얇은 스웨터의 색깔이 꼭 저 청자색이었다. 너무도 짧았던 아쉬운 인연이 아련한 그리움으로 남아 내가 청자색 나팔꽃을 좋아하고 있었던 것일까?

처음 나팔꽃이 피기 시작했을 때부터 그 청자색 꽃을 한 장쯤 그림으로 남겨두려고 마음을 먹고 있었다. 세밀화 꽃그림을 배워두지 못한 것을 아쉬워하면서 스케치북과 수채화 물감을 펼쳤다. 세 송이의 꽃과 두 개의 꽃봉오리에다 잎사귀를 적당히 배치했다. 나중에 잎사귀 두어 장만 더 흐린 배경으로 놓아 여백을 메우리라 생각하면서 일단 손을 놓았다.

오래전 파리에서 처음으로 책이 아닌 실제 그림으로 보았던 세밀화 꽃그림이 생각난다. 그날은 친구와 함께 센 강을 따라 걸었는데 노점상이 즐비한 강변에는 구경거리가 많았다. 고서적과 그림을 파는 좌판에서 처음으로 세밀화 꽃그림을 만났다. 주로 식물이나 꽃 또는 곤충을 그렸는데 특히 꽃그림이 그렇게 아름다울 수가 없었다. 요즘은 우리 주위에도 세밀화 꽃그림을 그리는 사람이 많지만 그때만 해도 전혀 알려지지 않은 장르였다. 한참 그림을 구경하다가 한 곳에서 반가운 얼굴처럼 익숙한 꽃을 만났다. 수정 같은 이슬이 맺힌 분홍색과 청자색 나팔꽃이었다. 내가 반색을 하자 주인남자가 얼른 그 그림을 빼내어 들고 보여 주었다. 그 순간 나팔꽃에서 이슬방울이 떨어지기라도 하는 양 내가 두 손바닥으로 그림 밑을 받치는 제스처를 취하자 그도 덩달아 쩔쩔매는 시늉을 해주어서 모두가 유쾌하게 웃었다.

하루 중 가장 깨끗하고 빛나는 시간에 이슬과 함께 피어나는 청순하고 앙증맞은 나팔꽃. 작은 나팔로 이제 곧 무슨 기쁜 소식이라도 알려줄 것만 같은 나팔꽃의 꽃말은 기쁨이다. 한여름 이른 새벽부터 부지런히 봉오리를 벌리기 시작해서 아침 8~9시경이면 활짝 피어난다. 그러나 오후가 되면 그만 꽃잎을 오므리고 시들어 떨어져 버리고 만다. 그래서 나팔꽃은 덧없는 사랑이라는 꽃말도 함께 가지고 있다. 그림을 그리면서 보니 붓끝처럼 끝을 아무린 귀여운 꽃봉오리들이 모두 하나같이 오른쪽으로 도르르 말려 있다. 그런데 덩굴은 봉오리와는 반대방향으로 감아 올라간다. 어릴 때 마당에서 나팔꽃 넝쿨을 풀어 반대로 감아 놓는 장난을 하곤 했는데 나중에 보면 영락없이 다시 제 방향으로 돌아가 있는 것이 참 신기했던 기억이 난다. 나팔꽃은 하지(夏至)가 지나서 피기 때문에 나팔꽃이 핀다는 것은 이제 여름이 기울기 시작했다는 신호이기도 하다.

아침에 내가 그렸던 나팔꽃이 하루를 넘기지 못하고 벌써 저렇게 지고 있다. 단아하게 곱던 모습을 내 캔버스에 남겨 놓고 덧없는 사랑으로 속절없이 지고 만다. 언제 다시 만날 기약도 없는 머나 먼 센 강변의 세밀화 나팔꽃도 지고 그리도 짧았던 청자색 풋사랑의 그림자도 지고 있다.

호박꽃의 비교

날씨는 화창하고 시골집 담장에는 장미꽃이 만발했다.
"세상에! 이 아름다운 장미꽃 좀 봐. 이 향기는 또 어떻고."
지나는 사람마다 탄성을 터트리며 칭찬하는 소리에 장미꽃은 요즘 아주 살맛이 난다. 나날이 어깨가 으쓱해진다.
"난 얘보다 예쁘고 쟤보다 향기로워."
그런데 오늘은 웬일인지 찾아오는 이도 없고 지나는 사람도 별로 없어 장미꽃은 좀 무료해졌다. 상냥한 노랑나비의 인사말도 반갑잖고 옆구리를 간질이는 꽃바람도 귀찮다. 평소에 거들떠보지도 않는 호박꽃이 하필이면 내 발치에 있는 것도 못마땅하다. 장미꽃은 거만하게 눈을 내리뜨고 말했다.
"야, 거기 너 호박! 호박꽃도 꽃이냐?"
그때 마침 꿀벌에게 꽃가루를 나누어 주고 있던 호박꽃은 천천히 고개를 들고 장미꽃을 올려다보았다. 그러고는 아주 한심하다는 듯이 말했다.

"그래, 그러는 넌 호박이나 열리냐?"

장미꽃의 얼굴은 무안해서 빨개졌을까 아니면 화가 나서 빨개졌을까?

"무슨 꽃을 제일 좋아하세요?" 가끔 이런 질문을 받을 때가 있다. 그때마다 나는 대답을 망설인다. 나는 꽃의 아름다움을 비교하고 싶지 않다. 이 꽃은 이래서 예쁘고 저 꽃은 저래서 아름다우니 어느 꽃을 제일 좋아한다고 말할 수가 없다. 모든 꽃을 다 좋아하는 내게 꽃은 비교의 대상이 아니라 즐김의 대상이다. 비교하지 말고 있는 그대로 보고 즐기는 것이 꽃이라고 생각한다. 그래서 나는 무슨 꽃을 제일 좋아하느냐는 질문을 받는 것이 싫다.

사람들은 인생의 모든 것을 끊임없이 비교하면서 또 비교 당하면서 산다. A는 나보다 부자고 B는 나보다 결혼을 잘했고 C는 나보다 출세했다. 나는 ㄱ보다 머리가 나쁘고 ㄴ보다 못 생겼고 ㄷ보다 재능이 없다. 매사를 이런 식으로 비교하다 보면 세상에 나만 못난 사람이 된다. "난 왜 이렇게 태어났나!" 부럽고 질투 나고 속 뒤틀려 살맛이 떨어진다. 딱 하나 내 것이 더 좋아 보이는 것이라면 내 자식이 남의 자식보다 더 잘나 보인다는 정도라 할까?

비교의 결과는 대체로 우월감이나 위화감 또는 안도감 같은 것으로 나타난다. 저 사람보다 내가 더 낫다 싶으면 우쭐하면서 우월감이 들고, 내가 못하다 싶으면 주눅이 들면서 위화감이 생긴

다. 저나 나나 피장파장이다 싶어야 비슷함이 주는 안도감에 한숨을 놓는다. 남을 보면서 나를 아는 것이 사람이니 전혀 비교를 안 하고 살기는 불가능하다. 그렇다면 비교는 하되 살맛이 떨어지게 할 것이 아니라 살맛이 나게 할 수는 없을까?

A가 나보다 부자이기는 하지만 자식 농사는 내가 더 잘 지었고, B가 부잣집에 장가들었다지만 그의 아내보다는 내 아내가 더 착하고 성실한 것이 사실 아닌가? C는 나보다 출세했지만 부모형제 화목하기로는 단연 내가 윗길이지. 학교 때 ㄱ은 나보다 공부를 잘했지만 지금은 주위 사람들이 모두 그보다는 나를 더 미더워한다. ㄴ이 나보다 예쁘다고는 해도 몸매만은 내가 더 멋지다. 이렇게 비교해 볼만한 사실이 많이 있을 것 같다. 말하자면 비교를 하되 단순비교에 그칠 것이 아니라 한 걸음 더 나아가 중복비교를 해보는 것이다. 그렇게 비교에 비교로 퉁치고 나면 저나 나나 피장파장이니 안도감을 가져도 되지 않을까?

"부자면 뭣해. 아들녀석 성적이냐고 우리 아이 발끝에도 못 따라오는데." "내 어깨에도 못 오는 키에 얼굴 좀 예뻐 봤자지." "출세만 하면 다야? 나 같으면 출세 좀 덜하고 부모에게 불효 덜하겠다." 식의 꼬인 중복비교는 곤란하다. 이렇게 비꼬아 비교해서라도 위안을 느끼겠다면 그건 정말 못난 사람이다. 나의 좋은 점을 잘 알고 그 자부심으로 여타의 부족함이나 부러움쯤은 덮고 사는 삶. 그것이 바로 호박꽃의 삶이요 비교방법이다.

호박꽃은 분명 장미꽃처럼 아름답지도 향기롭지도 않다. 그러나 호박꽃에게는 장미꽃이 열 번을 죽었다 깨도 가지지 못할 호박이라는 열매가 있다. 자기 열매의 가치를 잘 알고 그 자부심을 사랑하는 호박꽃에게 비교는 별 의미가 없어 보인다.

"실속 없이 얼굴만 예쁘면 뭣해? 향기가 밥 먹여 주는 것도 아니고 말이야."

말이 좀 심했나? 호박꽃의 농담이다. 마음이 여유로운 호박꽃은 얼마든지 자족하면서 살 수 있겠다 싶다.

꽃이 비교의 대상이 아니라 즐김의 대상인 것처럼 우리의 삶도 비교의 대상이 아니라 즐김의 대상이 되어야 한다. 비교하지 말고 있는 그대로의 나를 받아들이고 있는 그대로의 너를 인정할 일이다. 만일 사람들 모두가 똑같은 환경에 똑같은 소양을 가졌다면 세상이 어떻게 되겠는가? 각기 다른 삶이 모여 조화를 이루는 세상에서 나는 단단히 한몫을 차지하는 존재다. 누구나 못난 점이 있으면 잘난 점도 있게 마련이니 그 모두가 똑같은 나의 일부분이다. 세상에는 자부심을 가질 만한 좋은 점이 하나도 없는 사람은 없다. 남의 잘난 점을 필요이상 부각시켜 나의 잘난 점을 기죽이는 사람이 있을 뿐이다. 호박꽃이 부지런히 열매를 키우며 자부심을 가지듯 나의 잘난 점을 키우면서 자존감을 가진다면 삶이 훨씬 더 편안해지지 않을까?

"비교하지 마세요. 비교만 하지 않는다면 누구의 삶이나 다 살아볼만한 것이랍니다."

호박꽃의 이 충고를 나처럼 장미꽃도 이젠 이해했을까?

친구와 함께 추억의 만찬을

처음으로 내가 나이 먹어간다는 것을 느낀 몸의 변화는 무엇이었을까? 조백이 집안의 내력이라 서른 후반에 이미 흰 머리가 생기기 시작했는데 그때였을까? 당연히 나이 먹어간다는 증거요 노화의 시작 중 하나이겠지만 그때는 그저 예사로운 일로 여겼다. 눈가에 주름살이 보여도 그저 그런가보다 했다. 나이 먹어간다는 사실이 별로 불편을 주는 것은 아니어서 그랬을 듯하다.

늙어간다는 느낌은 몸의 불편에서부터 왔던 것이 확실하다. 너무 생각 없이 살았던지 처음으로 내가 늙어간다는 생각을 하게 된 것은 돋보기안경을 사면서였다. 가슴이 짠하도록 나의 늙음이 실감되었다. 눈빛을 반짝이며 자신만만했던 내 시력이 돋보기를 필요로 하게 되었다는 사실에 실망감이 들면서 기운이 빠졌다.

시력이 떨어진다는 것은 그만큼 시야가 좁아진다는 뜻이다. 시야가 좁아지면 자연히 생각도 가시권역 안에 머물게 되고 그에 따라 행동범위도 좁혀지게 마련이다. 누구나 보이는 만큼 알고 아는 만큼 생각한다. 지금까지의 내 지식의 범위를 더 이상 벗어날 수가 없으니 앞으로는 그 범위정도가 내 세계의 전부가 된다는 얘기다. 늙을수록 아집이 강해진다는 이유를 알 것 같기도 하다.

  요즘 들어 부쩍 나이를 실감하게 해주는 것은 나의 귀다. 나는 평생을 왼쪽 귀로만 들으며 사는 처지라 불편이 없지 않은데 그나마 들리는 귀도 청력이 약해지니 이젠 정말 내가 많이 늙었다는 생각을 하지 않을 수가 없다. 들리지 않는 만큼 관심을 거두고 포기해야 할 일도 많아졌다. 내가 알고 있는 세상의 상한선을 이젠 어떤 방법으로도 뛰어넘을 수 없다는 다짐을 받는 기분이다.

  사실 그 상한선 밖이란 내게는 지극히 부담스러운 세상이다. 일상용어조차 생소한 그 세계에서 나는 이미 전설이 되었다. 내가 지금까지 알아왔던 익숙한 세상을 벗어나 그 낯선 세계로는 들어가기도 어렵지만 들어가고 싶지도 않다. 이런 인식이라면 이제 내게는 나이만큼의 완고함이 쌓였을 것이다. 그래서 완고함과 아집을 노년의 트레이드마크라고 하나보다.

  늙으면 추억을 먹고 산다는 말이 재미있게 들리던 철없는 시절도 있었다. 이젠 그 말이 속속들이 실감된다. 조용히 추억이나 먹고 살자. '추억을 먹자'가 아니라 '추억이나 먹자'라고 하니 좀 비감한 느낌이 있지만 생활이 단출해진 지금은 실제로 조용히 옛 추억에 잠기는 시간이 많아진 것이 사실이다. 기억력은 떨어지고 귀에 들리는 것도 별로 없는데 공연히 나서서 이것저것 참견하다가는 늙은이 주책이라는 지청구나 듣기 딱 좋다. 조용히 지난 기억들을 펼쳤다 접었다 정리하면서 추억의 만찬을 벌이는 것도 노년의 특권이요 재미라면 재미다. 나이도 먹고 추억의 만찬도 먹고 너무 많이 먹어 뱃살이 만만치가 않은 것이 하나 흠이기는 하지만.

추억의 만찬도 엄연히 만찬인 바, 혼자 벌이기보다는 그래도 친구 한둘쯤은 있는 것이 좋겠다. 그러나 가족이나 가까운 사람들은 이미 열 번 스무 번 다 맛 보여준 만찬이다. 산해진미도 한두 번이니 친구는 어디 다른 곳에서 찾아보는 것이 좋겠다. 열 번 아니라 백 번을 초대해도 기꺼이 와서 함께 추억의 만찬을 즐겨줄 친구. 그런 친구가 당신에게는 없는가? 내게는 있다. 바로 이 글이다. 나는 늘그막에 다시없는 복이 수필이라는 친구를 만난 사실이라고 믿는다. 좋은 글이든 아니든 그냥 쓴다는 사실 하나만으로도 수필은 내게 둘도 없이 좋은 친구가 되었다.

그동안 짧지 않은 세월을 이런 저런 글을 써왔다. 그런데 그 글들은 거의가 남에게 보이기 위한 것이었다 해도 과언은 아니다. 그래서 자랑스럽거나 아름다운 기억들은 이미 다 남과 공유했다. 그렇게 보기 좋은 것을 다 걷어내고 난 내 기억의 밑바닥에는 무엇이 남았을까?

거기에는 깊이 가라앉아 숨죽이고 있는 또 다른 나의 분신들이 있다. 대부분 다시 떠올리기도 싫어 깊이 묻어둔 사연과 상처들이다. 죄스럽고 후회스러워 여전히 상처로 다가오는 기억들. 아무리 외면하고 덮어두어도 결코 없어지지 않는 기억들이 마음 깊은 곳에서 아픔을 견디고 있다. 힘들어도 한번은 건져 올려 재조명해 주어야 비로소 아물어질 상처요 회한들이다.

그 상처들이야말로 글로 승화되기를 애타게 바라고 있는지도 모른다. 그 치부들을 건져 올려 글의 만찬 상에 앉힌다는 것은 있는 그대로의 나를 드러내는 독백인 동시에 나를 위한 치유요 카타르시스다.

상처로 남은 추억과 나. 글 속에서 재회하는 우리는 더할 수 없는 솔직함으로 마주선다. 다시 옛 번민에 사로잡히기도 하지만 그럴수록 더 오랜 시간 서로를 들여다보고 생각하고 후회하면서 다독인다. 고치고 다듬고 머리를 쥐어짜며 최대한 솔직해지려고 온 힘을 쏟아 붓는다.

글은 한없이 마음이 넓은 친구다. 아름다운 것은 아름다운 대로 역겨운 것은 역겨운 대로 맛보고 씹으며 즐기는 것이 추억이라며 내게 힘을 주는 친구다. 그는 지나온 세월만큼 추억이 푸짐한 내 나이를 미더워한다. 그는 만찬 상에 오른 추억 요리접시의 수가 많고 적음을 중요하게 여긴다. 우리는 함께 울고 웃고 사랑하며 미워한다. 속이 후련하도록 욕하고 원망하고 흉보며 비웃음을 날려준다. 드디어 몸은 물론 가슴 속까지 텅 비면서 내가 한없이 가벼워지는 시간이 온다.

그렇게 마지막까지 퇴고한 글을 몇 번 읽어본 후 "됐다!" 하며 크게 숨 한 번 몰아쉰다. 그런 다음 'delate' 버튼 한번 탁! 눌러서 싹! 지운다. 소지(燒紙)를 불살라 공중으로 날려 보낸다 할까.

회한의 편린들이 미련 없이 허공으로 흩어져 사라지고 나면 서서히 내 마음에 자리 잡는 놀랍도록 따뜻한 기운. 내가 글에게 보여주고 글이 내게 보여주면 그걸로 그만인 우리의 만찬이 주는 위로의 온기다. "탁!" 소리와 함께 승화되어 떠나가는 나의 카타르시스다.

커피가 타락했구나

　아메리카노, 카페모카, 카푸치노, 까페라떼, 무슨 커피, 또 커피….
　커피가 넘쳐나는 세상이다. "차 한 잔 합시다."가 아니라 "커피 한 잔 합시다."가 더 자연스러운 인사말이 된 걸 보면 모든 차(茶)의 대명사가 커피인 듯하다. 우리 젊을 적만 해도 웬만한 시골에는 커피라는 이름조차도 모르는 사람이 많았다. 그 시절이 그리 오래전도 아니건만 지금은 그 시골에도 가장 흔한 음료가 커피다.
　철이 아버지는 작년에 팔순을 지냈다. 섬마을에서 태어나 평생을 고향을 지키며 사는 그는 서른 무렵에 딱 한번 집을 떠나 참치잡이 외항선을 탔던 적이 있었다. 2년 만에 그가 돌아온 날 저녁, 집안사람들은 물론이고 온 동네 사람들이 축하 차 그의 집으로 모여들었다. 그는 자랑스럽게 인스턴트커피 한 통을 꺼내 들고 나왔는데 그것이 무엇인지를 아는 사람은 아무도 없었다.

그는 아내더러 물을 끓여 이것과 설탕을 타서 내오라고 일렀다. 가마솥에 불을 지핀 철이 어머니는 물이 설설 끓자 설탕과 함께 커피 한 통을 탁 털어 부었다. 주걱으로 휘휘 저어 혀끝에 묻혀 보니 그 쓴 맛이며 색깔이 꽤나 무슨 보약인 듯도 싶었다. 그녀는 집안에 있는 그릇이란 그릇은 다 동원하고 이웃집 사발까지 빌려다 그릇전이 남실남실하도록 커피 한 대접씩을 담았다. 그 들척지근하고 쓰디쓴 서양보약을 한 사발씩 들이키고 돌아간 동네 사람들이 그날 밤을 뜬눈으로 새운 것은 말할 것도 없다.

사실 철이 아버지도 커피에 대해서는 별로 아는 바가 없었다. 외항선을 탄 처음에 두어 번 마셔보기는 했지만 영 입맛에 맞지 않아 아예 관심을 접었던 터였다. 커피라는 서양 이름이 어쩐지 멋있어 보이기도 하고 외국에 왔다 가면서 커피도 안 사가는 바보가 어디 있느냐는 동료 선원의 핀잔에 덩달아 샀을 뿐이었다. 그리고 그 동료가 "이 촌놈아, 그것도 모르냐? 물부터 끓여서 이것도 넣고 설탕도 넣어서 달달하게 마시면 되지." 하던 말만 명심해 두었던 것이다. 그 촌놈이 사는 시골에도 지금은 하루도 커피 없이 못 산다는 노인네가 수두룩하다.

커피를 처음으로 만든 사람이 도대체 누구인지 참 궁금하다. 누가 처음으로 마셨다는 기록은 실상 너무 많아서 그 진위를 가릴 수가 없다고 한다. 이슬람권에서 가장 먼저 마시기 시작했다는 사실만은 정확하고 또 오랜 동안 이슬람 사람들만의 음료였다. 그래서 유럽에 전해진 처음에는 이슬람식으로 끓여 마시는 커피가 정석이었다. 그 시절에 커피를 두고 누군가가 평가한 참 재미있는 말이 있다.

"맑은 물이 새까맣게 되도록 커피가루를 넣는다. 그러고서는 하얗게 되라고 밀크를 넣는다. 쓴맛이 나게 하려고 쓰디 쓴 치콜리를 넣고서는 이번에는 단맛이 나도록 설탕을 넣는다. 마지막으로 불 위에 걸어 뜨겁게 끓인 것을 훌훌 불어 차게 식히면서 마시니 이 얼마나 아이러니한 음료인가."

커피가 유럽에 전해졌을 때 사람들은 처음부터 그 맛의 매력에 푹 빠져들었다고 한다. 유럽인들은 얼마 지나지 않아 뜨거운 물을 부어 걸러 마시는 식으로 커피제조방식을 바꾸었다. 뒤이어 설탕이나 크림을 비롯한 여러 가지 첨가물과 제조방법이 생겨나면서 커피는 유럽에서 다양한 모습으로 변신을 거듭했다. 오랜 세월 커피를 마셔온 이슬람 사람들이 상상도 못한 변신이었다.

가톨릭 신학원에서 공부하던 때였다. 오후가 되면 졸음을 쫓으려고 커피 한 잔씩을 들고 교실로 들어가면서 우리는 낄낄거렸다. "이렇게 맛있는 음료를 이슬람교도들만 독점하게 할 수는 없다."라며. 사실 이 말은 우르바누스 8세 교황의 커피 옹호론이라 할 만한 유명한 말이다. 교회사 시간에 여담으로 들은 이 한마디를 우리는 지치지도 않고 양념 삼으며 커피를 즐겼다.

17세기 초의 우르바누스 8세 시절, 커피는 놀라운 속도로 유럽에 퍼지고 있었다. 그러나 이탈리아에서는 커피를 반대하는 주장이 만만치 않았다. 가톨릭 국가인 이탈리아에서 숙적인 이슬람교도의 음료를 받아들여서는 안 된다는 것이었다. 결국 커피 애호가들과 반대파의 사이에 극심한 대립이 생기면서 난투극까지 벌어졌으니 교황이 나서서 중재를 하지 않을 수가 없었다. 고민 끝에 교황은 판결을 내렸다.

"이렇게 맛있는 음료를 이슬람교도들만 독점하게 할 수는 없다."

이로써 대립은 끝이 났고 이후로는 모두가 마음 놓고 커피를 즐기게 되었다. 아마도 교황님 역시 이미 커피의 맛에 매료되어 있었던 듯하다. 우르바누스 8세뿐만 아니라 커피의 역사에는 유명인물들의 일화가 많다.

'커피 칸타타'를 작곡한 요한 세바스찬 바흐와 루스벨트 대통령의 일화가 특히 재미있다. 커피가 유럽에 들어온 초기에는 어이없게도 커피가 남성들에게만 허용된 음료였다고 한다. 바흐는 당시 남자들의 그런 우월감을 '커피 칸타타'를 통해 우스꽝스럽게 표현했다. 커피를 마신다고 소문나면 좋은 집에 시집도 못 간다고 딸을 협박하는 아버지와 이미 커피 맛을 알아버린 딸의 승강이가 흥미롭다.

커피 맛이 어떠냐는 질문에 "마지막 한 방울까지 좋았다."고 대답한 루스벨트 대통령의 말은 지금도 유명 커피 회사의 로고로 쓰이고 있다. 재치가 빛나는 그의 한마디는 우르바누스 교황의 판결과 함께 커피 찬사의 최고봉이 아닐까 싶다.

젊어 한때는 커피를 무슨 대단한 멋이라도 되는 양 난센스를 연출했던 시절이 있다. 내가 좋아하는 커피가 아니면 마시지 않고 마음에 들지 않는 장소에서는 마시지 않고 싫은 사람과는 절대 마시지 않는다는 웃기지도 않는 멋이었다. 지금은 어디서 누가 무슨 커피를 주든지 타박 없이 맛있게 받아 마신다. 그런 나를 보고 옛 친구가 "너, 커피가 타락했구나."라고 해서 한바탕 웃었다.

　유치한 멋에 겨웠던 커피의 시절은 가고 이젠 커피 그 자체를 단순하게 즐기는 철 든 나이라고나 할까. 그런 나의 커피를 타락이라고 친다면 친구여! 나는 이대로 계속 커피 속으로 타락하고 말 것이네.

4.

세상에 달랑 혼자 남겨지다

　불과 얼마 전까지만 해도 독거노인이라는 명칭은 없었다. 늙어서 혼자 살리라고 생각하는 사람도 별로 없었다. 자녀가 없거나 나처럼 딸만 둔 사람이나 생각해볼만한 문제였다고나 할까. 요즘은 아들이 있어도 함께 사는 것을 자식은 물론이요 부모도 바라지 않는다. 누구나 독거노인으로 살다가 가야하는 세상이 되었다는 얘기다.
　두 아이들이 집을 떠나 대학에 진학한 후 5, 6년간을 나는 거의 혼자 살다시피 했던 적이 있다. 이후로 사람이란 혼자 살기에는 터무니없이 허약한 존재라는 사실을 굳게 믿고 있는 바다. 남편은 직업상 주로 외지에서 지내고 있었고 큰아이에 이어 작은아이마저 서울로 떠나고 나니 내가 혼자 남게 되었지만 외롭다고 여기지는 않았다. 수년에 걸친 아이들의 입시가 목표대로 성공을 거둔 시점이라 성취감에 취했던지 혼자라는 사실이 외롭기는커녕 오히려 상급처럼 자랑스럽고 선물처럼 기분 좋았다.

그동안 하고 싶어도 참고 미루어 두었던 일이 한두 가지가 아니었다. 실감할 사이도 없이 들어선 중년이라는 나이가 억울해서라도 이제부터의 시간은 진정 나를 위해 살고 싶었다. 나는 나날을 매끄러운 아이스링크처럼 펼칠 생각이었고 그 위에서 멋지고 우아한 피겨 스케이팅을 즐길 참이었다.

계획은 빈틈없고 시간은 매끄러웠다. 그런데 그 알찬 시간 속에 복병이 숨어 있었을 줄이야! 언제부터인지 무언가 모를 서늘한 기운이 싸- 하니 가슴을 훑고 지나가곤 했다. 피겨 스케이팅처럼 우아하고 선물처럼 행복하리라던 부푼 기대감은 어디론지 사라지고 마음 한 구석이 텅 비는 그것은 분명 배고픔 같은 허기였다. 나는 바람 든 무처럼 푸석한 발걸음을 옮기며 혼자 중얼거렸다.

"이렇게 혼자 사는 게 정말 사람 사는 것 맞는 거야?"

원래 약골인 터에 앓아눕는 날이 많아졌다. 걸핏하면 밤새 고열에 들떠 누가 내게 물 한 모금만 떠다주기를 애타게 바라곤 했다. 설상가상 도둑까지 들어 놀란 후로는 지병인 불면증에 미치도록 시달렸다. 혼자 살기에 필요한 것은 시간도 돈도 아닌 건강이었다.

이북에서 내려와 일가친척이 별로 없는 집안에서 외딸로 자란 나는 원래부터도 혼자 지내는 것이 익숙했다. 결혼 초부터 현장에 나가있는 남편 몫까지 맡아 혼자 집 지키고 애 키우는 것이 내 장기라면 장기였다. 한가할 틈 없이 동동거리며 사는 나는 남편

말대로 혼자서도 잘 사는 강한 이북여자였다.
　그런 내게 혼자서는 안 되겠다는 생각이 든다는 것은 참 의외였다. 도대체 그 빠듯한 시간표의 어디에 빈틈이 있어 '이건 사람 사는 게 아니야'라는 고독감의 씨앗이 날아 들어와 싹을 틔우기 시작했는지 도무지 모를 일이었다. 늘 집을 비우는 남편을 그러려니 여기고 살았던 것은 곁에 아이들이 있었기에 가능한 일이었음이 분명했다. 혼자 살기에 필요한 것은 건강이지만 그보다는 가족이었다.
　언젠가 파리에 사는 친구 집에 머물던 때의 일이다. 하루는 친구가 동서와 함께 지방 도시로 시백부를 방문하러 간다며 함께 가자고 했다. 친구의 시백부는 93세의 연세로 숲과 정원이 아름다운 큰 저택에서 혼자 살고 있었다. 문단속을 어찌나 겹겹이 해놓았는지 노인이 우리를 확인하고 문을 다 열고 나오기까지는 꽤나 시간이 걸렸다.
　'이토록 크고 아름다운 저택에서 저리 연세 높은 노인이 혼자 살다니!' 영화에서나 보았을까 현실로 느껴지지 않는 현장이었다. 늙어 혼자 사는 것을 당연시 하는 그들의 인식이 그때의 나로서는 이해가 되지 않았고, 파리에 사는 하나 딸이 일 년에 한 번쯤 아버지를 보러 온다고 아무렇지도 않게 말하는 그들이 비정하게만 보였다. 매일 정한 시간에 공무원이 독거노인을 방문하고 불편을 해결해주는 제도가 정착되어 있던 것만은 지금 생각해도 부럽다. 그러나 나는 '노인이 밤새에 죽었는지 확인하러 오나 보다'라는 생각만 하고 있었다.

　노인은 우리가 떠날 때 잠시 현관문 밖에 나와 섰는데 작별인사를 하려 하자 의아하게도 급히 몸을 돌려 들어가 버렸다. 방문객이 돌아서는 것을 안 보려고 항상 저렇게 먼저 등을 돌린다는 친지의 말은 그날 내가 느낀 충격의 정점이었다. 문 안으로 사라지는 노인의 구부정한 등이 오래도록 마음에 남아 짠했다. 그 짠한 노년이 불과 2, 30년 사이에 이렇게 내 옆까지 바짝 쫓아왔다는 말인가?

　우리도 이젠 노인이 혼자 사는 것을 별로 문제시하지 않는다. 그보다는 젊은이들 중에 혼자 사는 이가 많다는 사실이 문제가 되고 있다. 경제 불황으로 인한 일시적 현상이라고 믿고 싶지만 그에 상관없이 독신을 선택하는 젊은이들이 늘고 있다고 한다. 게다가 결혼한 젊은이들 중에는 아이를 낳지 않는 사람이 많다고 한다. 국민 대다수가 독거노인으로 살다가 결국 사라지고 마는 나라가 정말 가능한 얘기일까?

　물질은 풍부하고 문화생활의 반경은 한없이 넓어졌다. 구태여 가족이 아니라도 가치를 둘 만한 일이 많아졌고 물질만 풍부하면 해결 못할 일이 없다는 믿음이 종교처럼 뿌리를 내린 세상이다. 가진 것이 많을수록 그것을 지키려는 이기심도 커지게 마련이니 내 것을 온전히 지켜내기 위해서는 혼자가 유리할지도 모른다. 경제력을 가지고 독신을 즐기며 자유롭게 사는 젊은이들이 멋있어 보이기도 하고, 자식의 도움을 바라지 않고 여유롭고 단출하게 사는 노년이 당당해 보이기도 한다. 물질적 여유가 사람들에게 그토록 자신감을 주는 것을 보면 물질이야말로 인생의 목적이요 가치인 듯 보인다.

그러나 인생이 어찌 물질로만 다 해결이 되는 것이던가? 선진국의 부유한 독거노인이 진정 안락하고 행복하게만 보였던가? 물질이 아무리 좋은 것이라 해도 인정(人情)을 대신할 수는 없다는 확신이 들게 할 뿐이었다. 물질이 어느 한도까지는 안락과 행복을 가져다주는 것이 사실이지만 그러나 그 한계가 지난 다음에 필히 오게 마련인 정신적 혹은 영적인 갈증은 인정이 아닌 다른 무엇으로도 대체할 수가 없다. 방문객이 돌아서는 것을 안 보려고 급히 몸을 돌리던 노인의 굽은 등에는 귀족의 명예와 많은 재물이 아니라 고독감만이 한 짐 가득 실려 있었다.

결혼 안 하는 젊은이와 아이 안 낳는 부부. 세상에 달랑 혼자 남겨질 외로운 노년이 그들을 기다리고 있다. 점점 더 길어지는 여생이 너무 고독하고 서글플지도 모른다. 재물도 필요하고 복지제도도 필요하지만 그러나 사람은 물질이나 제도가 아니라 사람과 대화하고 인정을 나누면서 살아야 하는 존재다. 사람만큼 좋은 위안은 없고 가족만큼 완전한 복지정책은 없다. 선진국의 부유한 노인의 현실이 그렇게 말하고 있었고 언젠가 싸—하니 가슴을 훑고 지나가던 상처 같은 바람이 내게 그렇게 가르쳐주었다.

지난날을 돌이켜보면 평생에 내가 한 일 중 가장 잘한 일이 결혼도 하고 아이도 낳았다는 사실이다. 자식들이 사는 모습을 가까이에서 지켜보면서, 결혼하고 자식을 둔 것이 무엇보다도 나 자신을 위해 잘한 일이라는 것을 확신하고 있다. 내가 걸어온 길이 누구나 걷게 마련인 사람 사는 방법이요 자연스러운 인생행로라고 믿는다. 별다른 길을 걷는다고 노후의 모습이 특별히 다를 것 같지는 않다. 천지간에 달랑 혼자 남겨질 자신의 노후를 생각해서라도 젊은이들이 결혼도 하고 아이도 가졌으면 좋겠다.

　독거노인이라는 말이 없던 시절이라고 혼자 사는 노인이 없었던 것은 아니다. 그러나 그때 그런 노인은 겹겹이 문을 걸어 잠그지 않았고 이웃은 모두가 사촌이었다. 얼마 전까지만 해도 분명 내 곁에 있었던 그 사촌들의 세상이 이젠 추억 속에나 존재하는 샹그릴라가 되어 버렸을까? 이웃사촌이라는 그 따뜻하고도 순수한 복지제도는 정말 영원히 사라졌을까?

타고난 조연이 없어

　가을을 재촉하는지 연일 비가 잦다. 귀를 기울이면 저만치서 흠뻑 젖은 옷자락을 끌며 다가오는 외로운 가을비의 발자국 소리가 들리는 듯하다. 가을비는 마치 위로가 필요한 친구 같다. 그래서 내 마음이 자꾸만 밖으로 향하는 것일까? 날이 쌀쌀해지기 전에 마침 이렇게 초가을비가 내리는 날은 밖으로 나가 친구 같은 비를 맞이하고 싶어진다.
　'비 맞은 생쥐'라는 말도 있듯이 사실 비 맞은 몰골만큼 초라하고 꾀죄죄한 꼴은 없다. 그런데도 나는 어려서부터도 비 맞기를 좋아했다. 빗물에 가린 몽환적인 풍경과 얼굴을 간질이고 어깨를 다독이며 온몸으로 감아드는 빗방울의 감촉이 지금까지도 그렇게 좋을 수가 없다. 다 큰 처녀가 그러고 다니면 소문나서 시집도 못 간다는 어머니의 성화에도 불구하고 비 오는 날이면 나는 식구들 몰래 우산 없이 밖으로 빠져나가곤 했다.

그러나 이 나이에 비를 맞고 다닌다면 추한 꼴은 둘째 치고 감기가 따 논 당상이니 공연히 긁어 부스럼 만들지 말 일이다. 게다가 제대로 비 맞는 기분을 내보기도 전에 집 나온 노인네나 치매 늙은이로 오인되어 파출소로 안내될지도 모른다. 마음대로 비도 맞을 수 없는 서글픈 나이라는 사실을 확인하는 계기나 될 뿐이니 기분만 믿고 온몸을 비에 맡긴 채 촉촉하게 혹은 후줄근히 젖어 보겠다는 철없는 감상일랑 가지지도 말 일이다. 그렇다고 방법이 통 없는 것은 아니므로.

방수처리가 잘 된 트레이닝복으로 단단히 무장을 하고 집 근처의 한강으로 나가 산책로를 걷는 정도라면 치매노인으로 오인될 염려까지는 없다. 속에 따뜻한 옷을 잘 껴입고 모자도 이중으로 겹쳐 쓴 후 우산 없이 집을 나서면 누가 보아도 비 오는 날도 거르지 않고 열심히 운동하는 부지런한 할머니다.

오랜만에 듣는 빗방울의 타악기 소리에 새삼 마음이 설레었다. 후드에 부딪치며 귀를 자극하는 빗방울 소리는 템포가 심히 어지러운 것 같아도 실상은 아주 단조로워서 집중해 듣다보면 마음이 고요해진다. 한 시간 남짓 그렇게 강변을 따라 산책로를 걸었다. 복잡했던 머리가 한결 가벼워졌으니 다정한 가을비요 고마운 산책이었다.

젊은 날에는 비 오는 바깥으로 나서려면 내딛는 발걸음이 허둥댈 정도로 공연히 가슴이 뛰곤 했지만 이젠 그런 허황한 열기 같은 것이야 사라진 지 오래다. 목적도 이유도 없이 거리를 헤매다가 온통 텅 빈 마음으로 싸늘하게 돌아오곤 했던 시절과 달리 이젠 비 맞는 일도 드물어졌고 예전처럼 막무가내로 가슴이 뛰지도 않는다. 그리고 돌아올 때는 가벼운 희열 같은 것으로 마음이 따뜻해져 있다.

집에 들어서는 길로 더운 물에 샤워를 하고 마른 옷으로 갈아입으니 몸은 물론 기분까지 보송보송해졌다. 향기 좋은 커피를 한 잔 들고 창가에 앉아 비 오는 풍경을 내다보면서 쇼팽의 피아노곡 '빗방울 전주곡'을 연속으로 듣는다. 커피 향과 함께 피아노 소리가 온 집안에 가득하다. 쇼팽은 망명생활의 서글픔을 이 곡에 담았던 것일까? 가을비처럼 애잔한 멜로디가 오늘따라 마음을 적셔준다.

그런데 오늘은 다른 날과 달리 음악의 반주부분이 유난히 귀에 들어온다. 원래 이 곡의 반주가 이렇게 아름다웠던가? 아름다운 반주로 인해 멜로디가 더욱 돋보인다는 생각을 해본다. 조연이 훌륭해서 더 좋았던 어느 영화 같기도 하다. 만일 저 반주가 없다면 이 음악이 어떻게 들릴까? 반주가 멜로디보다 더 아름다워도 그로 인해 멜로디가 무색해지는 것은 아니구나 싶으면서 생각이 잠시 그에 머문다.

그러자 문득 빗방울 전주곡이 내게 무언가 말하는 듯한 착각이 든다.

"반주가 더 아름다운 게 무슨 문제가 되나요? 조연도 주연처럼 똑같이 중요한 존재인데."

"그렇지? 그래, 내가 바로 여자로 태어난 그 조연이야."

나도 모르게 중얼거리고 만다. 마치 내가 이 음악처럼 멜로디보다 아름다운 반주이기라도 하다는 듯이. 반주가 속삭인다. 멜로디가 아무리 아름다워도 반주가 없으면 단조롭게 마련이고, 주연이 아무리 훌륭해도 조연이 없으면 무색해지고 만다고. 반주가 나를 위로라도 하려는 것일까?

그러면 조연으로 태어난 내가 있어 남편은 저 멜로디처럼 돋보였을까? 아서라, 언감생심 꿈도 야무진 조연의 무엄함이다. 태생의 주연이요 평생의 멜로디인 남편이라는 벽 앞에서 아집을 버리기 싫었던 나는 원래 편안한 조연의 싹은 아니었다. 멜로디의 벽을 극복하려는 의지 하나만 빛나는 반주였던가?

멜로디도 내게 무언가 속삭인다. 반주가 아무리 아름다워도 멜로디가 없이는 무의미하고, 조연이 아무리 훌륭해도 주연이 없으면 별무소용이라고 속삭인다. 멜로디가 아름다운 만큼 반주도 아름답고 반주가 빛나는 만큼 멜로디도 빛난다고 말한다.

밖은 여전히 빗발이 세차다. 향기로운 커피 한 잔이 있는 이 보송보송한 공간에서 오늘만은 나는 당연히 주연이요 멜로디다. 그런데 어쩌면 그게 아닐지도 모른다는 생각이 문득 든다. 실내를 가득 채운 진한 커피향은 내 존재를 무색하게 하고 집안을 온통 차지한 음악소리는 나를 작아 보이게 한다. 그러니 이 공간에서의 주연은 내가 아닌 것 같다. 그렇다면 주연은 누구일까? 커피향일까 음악일까 아니면 가을비일까?

창밖을 내다본다. 비 내리는 풍경이 그림 같다. 그런데 놀랍게도 그림에는 주연과 조연의 경계가 전혀 없다. 시선의 초점을 어디에 두느냐에 따라 풍경 속의 누구라도 주연이 되었다가 조연이 되는데 그것이 그렇게 자연스러울 수가 없다. 건물이 주연이어도 그만이고 가로수가 주연이어도 그만이다. 길이 주연이어도 그림이 되고 지나가는 사람이 주연이어도 구도가 멋진 그림이 된다. 있는 그대로 그 자리에서 누구라도 주연인 동시에 조연이다. 타고난 주연이나 평생의 조연 같은 것은 없어 보인다.

갈 길을 서두르는 초가을비가 내게 손을 흔들며 말한다. 비 오는 날의 이 풍경처럼 주연과 조연을 아우르는 여유로운 삶을 그려보라고. 그런데 저만치에서 여전히 아집을 버리기 힘든 내 의지가 비의 뒤를 주춤주춤 따라가며 혼자 중얼거리고 있다.

"타고 난 주연은 있는데, 타고 난 조연이 없었구나."

탈리온 법이 필요할지도

　내 아래로 두 남동생은 두 살 터울이어서 자랄 때 놀기 좋은 친구요 다투기 좋은 라이벌이었다. 큰동생은 큰 키에 속없이 건들거리고 작은동생은 작은 키와 여원 몸에 신경질적이었다. 먼저 집적거리며 장난을 거는 쪽은 항상 하는 짓이 싱거운 큰동생이었다. 그때마다 파르르 약부터 오르는 동생에게서 두 배 세 배의 보복을 당하면서도 큰동생은 그 짓을 계속했다. 그런 동생을 두고 어머니는 늘 혀를 차며 말씀하셨다.
　"되로 주고 말로 받는 녀석!"
　날 저무는 줄 모르고 나가 노는 동생들이지만 비 오는 날은 별수 없이 공치는 날이었다. 종일 비가 내려도 낮잠 한숨 자는 법이 없어서 둘은 방안에서 드잡이를 하다가 가구를 부수거나 몸에 상처가 나기도 예사였다. 그러다가 어느 순간 우당탕거리는 소리가 그치고 돼지 멱따는 소리도 멎었다 싶으면 어머니가 급히 내게 이르셨다.

"얘, 저 녀석들 빨리 좀 가봐라. 또 귀 찢나보다."

방문을 열어보면 아니나 다를까. 두 녀석은 양손으로 서로의 귀를 움켜잡은 채 씩씩대며 엉겨 붙어 있기 십상이었다. 아무리 장난이 심하기로서니 귀를 찢다니 싶겠지만 동생들로서는 즐기는 단골놀이 중의 하나였다. 저희들 말로는 귀 당기기 놀이라지만 실상은 귀 찢기 놀이였으니 비 오는 날은 공치는 날이 아니라 귀 찢는 날이었다.

놀이는 우선 둘이 무릎을 마주하고 꿇어앉아 가위바위보를 하는 것으로 시작된다. 이긴 사람이 먼저 진 사람의 양귀를 잡는다. 진 사람은 귀를 잡힌 채 "하나 둘 셋 넷 … 열."까지 숫자를 헤아리는데 그 동안 이긴 사람은 잡은 귀를 당긴다. 미상불 귀당기기 놀이가 맞기는 하다. "열!"을 외치는 동시에 손을 놓고 다시 가위바위보를 한다.

처음에야 물론 숫자도 천천히 헤아리고 귀도 가볍게 당긴다. 그러나 얼마 가지 않아 속도와 세기가 달라지기 시작한다. 숫자의 속도와 힘의 세기는 서로 비례한다. 상대가 빨리 헤아렸으면 나는 더 빨리 헤아려야 하고 상대가 세게 당겼으면 나는 더 세게 당겨야 하는 것이 사람의 심리다. 숫자는 점점 더 빨라지고 힘은 점점 더 들어가는 악순환이 계속된다. 너무 빨리 헤아린다느니 나보다 세게 당긴다느니 중간 중간 시비도 만만찮다.

동생들의 이 게임의 특징은 꼭 귀가 찢어져 피를 보아야 끝이 난다는 것이다. 그것도 한 사람만 피를 보아서는 안 되고 둘이 비

숫하게 피를 보아야 끝이 난다. 한쪽이 일방적으로 당할 경우에는 결국 당한 쪽이 상대방의 귀를 잡고 늘어져 보복심을 적당히 채워야 놓아주게 마련이니 둘이 비슷하게 피를 보는 것이 당연하다. 놀이의 방법은 지극히 간단하지만 결과는 상당히 잔인한 편이다.

찢어진 상처는 뻘건 머큐로크롬을 칠하면 그만, 녀석들은 그깟 것 상처로 치지도 않았다. 나만 피를 본 것이 아니라 상대도 똑같이 피를 보았다는 사실 하나로 둘은 만족하는 듯했다. 그것은 말하자면 '멍은 멍으로' '상처는 상처로'라는 탈리온 법에 의한 판결이요 승복이었다고나 할까. 귀당기기놀이 뿐만 아니라 서로 툭탁거리고 싸울 때도 결말은 대개 탈리온 법으로 해결되게 마련이었으니 그런 판결이 아니고는 둘 다 만족하기가 힘들었다.

한 대 맞으면 두 대 때리고 싶은 것이 인지상정이다. 만약 개인적인 복수가 무제한 가능하다면 세상이 어떻게 될까? 극단적인 복수를 방지하고 사회정의를 세우기 위해 고대 유대인들은 탈리온 법을 만들었다. 목숨은 목숨으로, 눈은 눈으로, 이는 이로, 손은 손으로, 발은 발로 갚아야 한다는 탈리온 법(동태복수법 또는 동해보복법)은 일견 엄청나게 잔인해 보인다. 이 법이 글자 그대로 적용되었는지에 대해서는 다소의 의문과 논란이 있다지만 그러나 당시 사람들의 관습과 사고방식에 따른 최선의 사회보호책이었던 것만은 틀림없다. 가해와 피해의 균형을 조율하면서 보복적 정의감은 만족시키고 복수심으로 인한 지나친 가해행위는 방지한다. 되로 주고 말로 받지 않기로는 아주 적절한 방책이라 싶다. 탈리온 법은 가해자 측이 재차 복수하는 것만은 절대로 허용하지 않았다 하니 법을 믿고 그에 승복하며 사회질서를 유지하고 살았던 그때 사람들의 순수함이 돋보이는 대목이다.

그런데 막상 그 탈리온 법의 발상지인 이스라엘은 지금 형제국인 팔레스타인과 혈투를 계속하고 있다. 현지에 갔을 때 그들을 보면서 이들이 정말 탈리온 법을 만들어 지키던 사람들의 후예일까라는 의문이 들었던 생각이 난다. 형제인 팔레스타인에게 가차 없이 열배 백배로 갚아 주는 이스라엘의 복수심 어디에도 탈리온 법이라고는 물 한 방울 튀어 보이지 않는다. 재차 삼차 복수하는 것을 금했다는 탈리온 법은 이젠 먼 전설이 되었나보다.

그들의 분쟁을 보면서 남북이 대치하고 있는 우리의 현실을 생각하지 않을 수 없다. 형제간에 남보다도 못한 싸움을 계속하고 있다는 점에서 서로 다를 것이 없으니 그들의 현실이 도저히 남의 일 같지가 않다. 아무리 밉더라도 무력보다는 형제애와 이해심으로 문제를 해결해야 한다고 굳게 믿지만, 우리도 저들처럼 복수심과 증오심이 먼저 그 믿음을 깨고 나서면 어쩌나 싶어 그것이 항상 걱정이다.

오늘도 뉴스에서는 이스라엘이 팔레스타인에게 되로 받은 것을 말로 퍼부어주었다고 보도하고 있다. 또 까불면 이보다 더 크게 혼날 줄 알라고 으름장을 놓는 이스라엘이 어린 날의 내 동생들만도 못해 보인다. 단순하고 유치한 시절의 법이 아니라 지금이야말로 탈리온 법이 필요한 때일지도 모른다는 공허한 생각을 해본다.

핸드백이 문제네

 외출을 했다가 대로변에서 놀라운 장면을 목격했다. 오토바이를 탄 한 남자가 바로 내 앞에서 걸어가고 있는 여자의 핸드백을 날치기해 달아나는 장면이었다. 워낙 눈 깜짝할 사이의 일이라 그 여자가 비명을 지르며 차도로 달려 나가지 않았다면 내가 잠시 헛것을 본 줄 알았을 것이다. 만일 내 핸드백이 차도 쪽에 있었다면 내가 당했을지도 모를 일이라는 생각에 잠시 아찔했다.
 말로만 듣던 날치기 현장을 눈앞에서 보고 나니 예전에 두 번이나 당한 소매치기 사건이 겹쳐 떠오르면서 당장 핸드백을 어떻게 들어야 할지 몰라 불안하기 짝이 없었다. 게다가 설상가상으로 지난주에 읽은 범죄소설까지 생각이 나는 바람에 그만 나머지 볼일을 다 접고 귀가하고 말았다.
 지난주에 어쩌다가 하필이면 소매치기 얘기를 읽었다. 범죄소설은 좋아하지도 않는데 아이들의 옛날 짐을 정리하다가 나온 책을 별 생각 없이 읽은 것이었다. 지금은 인기작가인 이의 오래전 작품으로, 신출귀몰한 소매치기로 양성된 청년이 끝까지 완전범죄를 한 후 손을 씻는다는 좀 황당한 내용의 소설이었다. 아무리 신출귀몰이기로서니 요술이나 마술도 아니고 무슨 그런 일이 있으랴 싶어 불만스러운 마음으로 마지막장을 덮었던 책이다.

실상 날치기보다도 더 흔한 범죄가 소매치기다. 내가 처음 소매치기를 당한 것은 만원버스에서였는데 버스를 내리고도 한참 후에야 핸드백 옆면이 예리하게 찢기고 지갑만 없어진 것을 알았다. 그러고 몇 년 후에 시장에서 또 소매치기를 당했다. 한 번 경험이 있는 터라 조심을 했는데도 소용이 없었다. 핸드백의 잠금 고리는 쉽게 열었다 치더라도 그날따라 소지품이 너무 많아 나도 얼른 찾아지지 않는 납작한 지갑을 그것 하나만 감쪽같이 빼갔으니 귀신이 곡할 노릇이었다.

귀신이 곡할 노릇이라고 말하고 보니 그동안 까맣게 잊고 지냈던 한 친지가 불현듯이 떠오른다. 어쩌면 그 친지야말로 소설처럼 신출귀몰한 소매치기를 만났던 것이 아닐까라는 생각이 든다. 당시에는 나는 물론이고 주위사람들이 모두 그녀의 말을 믿지 못했다.

그때는 여자들이 계(契)를 흔하게 하던 시절이었는데 생전 계라고는 모르는 그 친지가 어쩐 일로 계를 든 적이 있었다. 곗돈을 탈 차례가 되어 시내번화가로 점심모임에 나가는 날 그녀의 남편은 마음이 놓이지를 않았다. 그녀는 그만한 액수의 현금을 지니고 다녀본 적이 없었다. 돈은 잘 싸서 넣고 핸드백은 흔들거리지 말고 택시로 곧장 오라고 남편은 아내에게 단단히 일렀다. 낙천적인 그녀는 상당히 덤벙대는 편이었다.

생전 처음 목돈을 받아든 그녀는 마치 자신이 그 돈을 벌기라도 한 것 마냥 대견했다. 이 돈을 내놓으면 남편 역시 나를 얼마나 대견하게 여길까 싶어 마음이 뿌듯했다. 시내는 사람들로 붐볐다. 그녀는 습관대로 핸드백을 흔들거리며 건널목을 건너 택시를 탔다. 집 앞에 도착해서 요금을 지불하려고 핸드백을 열던 그녀는 기절초풍을 했다. 핸드백 옆면이 길게 찢어져 있었고 신문지에 말아 넣어둔 돈다발이 온 데 간 데 없었다.

소문난 애처가인 남편은 아내의 전화를 받고 기가 찼지만 어쩌겠는가? 당신 혼자 보낸 내 잘못이니 그만 잊어버리라며 아내를 진정시키는 수밖에. 그러면서 틀림없이 돈을 가방에 챙겨 넣었는지 혹시 길에서 가방을 떨어트리거나 누구와 부딪치지는 않았는지 물었다. 그 말을 듣는 순간 아내는 건널목을 건널 때 마주 오던 어떤 젊은이와 서로 맞부딪기며 비켜갔던 일이 생각났다. 아내의 말에 잠시 무언가 생각하던 남편은 급히 전화를 끊었다.

이튿날 남편은 와서 돈을 찾아가라는 경찰국장의 전화를 받았다. 국장과 남편은 막역한 친구였다. 그날따라 남편은 잠시도 회사를 떠날 수가 없었다. 또 아내 혼자 보내는 것이 염려스럽기는 했지만 이번에야 설마 했다. 돈뭉치를 건네받은 아내는 조심 또 조심 핸드백을 껴안고 경찰국을 나섰다. 출입문을 밀고 나올 때 급히 뛰어 들어오던 한 남자와 잠시 부딪쳤을 뿐 누구 하나 팔꿈치도 닿은 일이 없었다. 택시가 출발한 얼마 후 그녀는 공연히 혹시나 하는 마음이 들어 끌어안고 있던 핸드백을 확인해 보았다. 세상에 이런 일이! 놀랍게도 지퍼는 열려 있었고 돈뭉치는 없었다. 요즘 같이 CCTV가 있는 시절도 아니었다.

술이 거나하게 취한 남편은 이른 새벽녘에야 귀가했다. 국장 친구를 만나는 김에 다른 친구 몇도 불러 저녁도 내고 술도 내고 그 곗돈 오늘 다 썼으니 다시는 계 같은 것 하지 말라고 남편은 말했다. 샤워를 마친 남편이 안방에 들어올 때까지 그녀는 안절부절 못하며 남편의 눈치만 살피고 있었다.

"그래, 돈은 어디다 두었소?"

기분 좋은 남편의 표정과 달리 그녀는 죽을상이 되어 고했다.

"여보, 나 그 돈… 가지고 오다가 또 소매치기 당했어요."

한참 동안 아내의 얼굴을 멀거니 내려다보던 남편이 말했다.

"당신을 사람이라고 내가 또 데리고 자야겠소?"

주위 사람들이 아무도 자기 얘기를 믿어주지 않는 것이 답답해 그 친지가 발을 동동 구르던 생각이 난다. 소설을 읽은 이제 생각하니 그때 그녀의 말을 믿어줬어야 했다 싶다. 아무리 소설이라지만 작가도 어림없는 얘기를 턱없이 꾸며내기야 하랴? 그만 정도의 앎은 있어서 썼겠지. 소설에 있는 일은 현실에도 있고 적어도 있을 수 있는 일이라지 않던가?

핸드백 들고 집 나서기가 새삼 두렵다. 그렇다면 핸드백이 문제라는 얘긴데 손에 핸드백만 들지 않는다면 소매치기나 날치기가 그리 설쳐댈 일도 줄어들지 않을까? 이참에 아예 캥거루 주머니라도 하나 만들어 봐?

하루 두 잔의 커피

　무시로 커피를 마시는 사람 그중에서도 저녁시간에 커피를 마시는 사람을 나는 부러워한다. 만찬이 끝난 여유로운 저녁 시간. 삼삼오오 둘러앉아 분위기를 즐기며 커피를 홀짝이는 저 얄미운 친지들을 나는 참으로 부러워한다.
　내게는 특히 한 잔의 커피가 못내 그리워지는 장소가 하나 있다. 자주 가는 호숫가의 친지 집 마당이다. 달빛이 부서져 온통 별 밭이 된 호숫가에 앉으면 검은 비로드 같은 밤하늘에서 방금 떠낸 짙은 흑갈색 에스프레소 한 잔이 애타게 그리워진다. 그러나 아무리 분위기가 멋지고 향기가 유혹적이라 해도 밤 시간의 커피란 내게는 언감생심 이루지 못할 꿈이요 안타까운 짝사랑이다.
　나는 커피를 하루에 두 잔 그것도 오후 서너 시 이전에만 마신다. 이 한계를 지키지 않으면 불면의 밤을 지내는 것은 물론이요 이튿날 종일 머리가 터지도록 후회를 하게 된다.

너나없이 모두들 커피를 어지간히도 좋아한다. 각양각색 커피들이 그 이름과 모양을 자랑하며 여기저기서 향기를 풍겨댄다. 첨가하는 부재료는 더욱 다양해지고 제조방식은 나날이 새로워지면서 개성적인 커피가 끊임없이 탄생한다. 어떤 방법으로 만들어도 그 고유의 맛과 향을 잃지 않는 커피의 개방성과 가능성이 한껏 돋보인다.

그러나 뭐니 뭐니 해도 커피의 원조는 블랙커피다. 원래 커피콩을 물에 넣고 끓여서 마셨다는 정확한 기록이 있으니까. 그러면 블랙으로 마시던 커피에 처음으로 설탕이나 크림을 넣은 사람은 누구일까? 비엔나에 '카페 트빌리나'를 창업하고 커피를 팔아 거부가 된 폴란드 사람 '프란츠 게오르그 코르시츠키'다.

1683년에 비엔나는 터키의 침공을 받았다. 그러나 폴란드와 신성로마제국이 비엔나를 편들어 개입하는 바람에 터키군은 전쟁을 포기하고 되돌아갈 수밖에 없었다. 그때 돌아가는 터키 군에게서 코르시츠키는 엄청난 양의 커피 원두를 거의 공짜이다시피 싼 가격에 샀다. 그는 그 커피로 비엔나에 카페 트빌리나를 열어 땅 짚고 헤엄치기로 돈을 벌어 거부가 되었다. 아랍권에서만 마시던 커피가 유럽에 전해지면서 그 인기가 하늘 높은 줄 모르고 치닫는 시기였으니 그는 수완과 때를 잘 타고 난 사업가였다.

코르시츠키가 처음에 팔았던 것은 물론 블랙커피였지만 얼마 지나지 않아 그는 커피에 우유와 설탕을 첨가해서 '비엔나커피'라는 색다른 커피를 만들어냈다. 오랜 동안 커피를 마셔 온 아랍인들이 생각도 못한 우아한 커피의 등장이었다. 온 유럽인들이 고소하고 달콤한 새로운 맛에 열광했고 코르시츠키에게 커피의 영웅이라는 칭호를 붙여주었다.

언젠가 파리의 친구 집에 머물 때였다. 며칠쯤 파리 시내를 무작정 걷기로 한 첫날 우리는 이른 아침을 먹고 집을 나섰다. 커피는 나가서 마시자고 하더니 친구는 집에서 가까운 한 카페로 나를 데리고 갔다. 파리에는 2, 3백년의 역사를 가진 카페가 많다. 우리가 들어간 카페는 오로지 에스프레소만 파는 집으로 고풍스러운 작은 실내에는 탁자나 의자가 하나도 없었다. 누구나 선 채로 에스프레소 한잔을 홀짝 마시고 나가는데 마치 무슨 보약 한 모금씩을 마시고 나가는 것 같은 재미있는 풍경이었다. 좋은 커피원두에는 시고 달고 짜고 쓴 여러 가지 맛이 골고루 들어 있다는 말이 실감되는 맛있는 커피를 마신 날이었다.

다 알다시피 커피는 '검은 악마의 유혹'이라는 별명을 가지고 있다. 마력 같은 맛과 향은 물론이지만 커피의 탁월한 각성효과는 중독성이 있어서 악마의 유혹이라는 이름값을 한다. 나도 약간은 그 각성효과에 의존하는 바가 없지 않지만 중독은 아니라고 믿는다.

어느 여름날 나는 그 검은 악마의 유혹이라는 이름을 실감한 적이 있다. 그날은 일찍부터 몇 군데 볼일이 있어 점심 전에 이미 커피 두 잔을 마셨다. 점심을 먹고 무심코 석 잔째의 커피를 마신 후 지인과 헤어져 밖으로 나섰다. 한여름 낮 3시의 햇볕은 뜨거웠다. 어쩐지 온몸이 나른해지면서 가슴이 두근거리고 손도 약간씩 떨려왔다. 내가 타야 할 버스를 기다려야 하는데 이상하게도 내 발이 마치 남의 발처럼 저절로 움직여 우리 집과는 정반대 방향으로 가는 버스를 타고 있었다. 한참 만에 역시 내 의도와 상관없이 차를 내려 아무 버스나 집어타고 생전 가본 적이 없는 종점까지 가기도 했다. 그렇게 세 시간 가량을 헤매면서 차차로 진정되어 집으로 돌아왔다. 듣도 보도 못한 두렵고 황당한 경험이었다. 하루에 커피 석 잔을 마시는 날도 통 없지는 않은데 이 날은 너무 짧은 시간 동안에 연달아 석 잔을 마신 것이 화근이었던 듯하다. 게다가 요즘은 커피마다 한 잔의 양이 너무 많다는 사실을 나중에야 생각했다.

 자기 몸에 그토록 해로운 커피를 왜 마시느냐고 나를 한심해 할 사람도 있겠다. 그러니까 검은 악마의 유혹이라 할밖에. 그 황당했던 날 이후로 나는 커피를 하루 두 잔 이상은 마시지 않는다. 그래도 좋아하는 커피를 하루에 두 잔씩이나 마실 수 있으니 그만하면 족하다.

 아침밥을 꼭 챙겨 먹는 것은 나의 오랜 습관이다. 매일 아침 멋진 향기로 오는 반가운 손님, 그날의 첫 커피 한 잔을 맞이하기 위한 준비인 셈이다. 만일 아무 때나 마음 내키는 대로 마시는 커피라면 내게 이토록 소중한 존재가 되지는 않았으리라고 생각한다.

 모름지기 세상만사에는 절제가 필요한 법. 달빛이 부서지는 호숫가에서 에스프레소 같은 밤하늘이 아무리 유혹적이라 해도 내 커피에는 꼭 절제라는 미덕을 가미해야만 한다.

한국 음식은 맵다

'한국 음식은 맵다.'
 다른 나라 사람들이 우리 음식에 대해 가지고 있는 편견 내지는 고정관념이다. 그런 고정관념이 생길만치 사실 우리 음식은 맵다. 날이 갈수록 점점 더 매워지는 것이 나는 큰 걱정이다.
 전혀 먹지 않는 것은 아니지만 나는 위장이 약해서 매운 음식을 잘 먹지 못한다. 요즘은 외식을 할 때면 잠깐씩 고민에 빠지게 된다. 음식점에서 파는 요리가 온통 매운 음식 천지여서 메뉴를 선택하기가 쉽지 않아서다. 메인요리 뿐만 아니라 반찬에도 어떤 식으로든 매운 맛이 가미되는 것이 요즘 우리 음식의 큰 변화 내지는 유행인 듯하다.
 가끔 지방으로 단체여행을 따라가려면 거의 맨밥을 먹을 수도 있다는 각오를 해야 한다. 메뉴 중에 맵지 않은 음식이 한 가지도 없어서 다른 이들이 눈치 채지 않게 맨밥을 먹다시피 할 때가 종

종 있어서다. 시뻘건 국물에 밥을 말아서 새빨간 김치를 얹어 땀을 뻘뻘 흘리며 먹는 사람들을 보면서 공연히 혼자 속 쓰려한다. 세상에는 우리보다 더 매운 고추를 먹는 나라도 물론 있다지만 우리 음식이 언제부터 이렇게 고추를 빼면 요리가 안 되게 되었나 싶어 놀랍다.

"어디 맵지 않은 고춧가루 없소?"

고추의 본성이 매운 맛이니 맵지 않은 고추가 있으랴만 가을이면 나는 될 수 있는 한 덜 매운 고춧가루를 구하려고 신경을 쓴다. 그러면 아예 안 먹으면 되지 않느냐 하겠지만 그럴 수도 없는 노릇이다. 맵게 먹지 않을 뿐 김치를 비롯한 몇몇 요리에는 덜 매운 고춧가루나마 들어가지 않고서는 제 맛이 안 나니 어쩌겠는가. 실상은 내 입맛도 어느 정도는 고추에 길들여진 것이 사실이다.

고추가 들어오기 전의 우리 음식은 전혀 맵지 않았다. 겨자나 산초가 있기는 했지만 고추의 매운 맛과는 다르다. 내가 자라던 시절만 해도 아이들이나 위장 약한 사람이 못 먹을 정도로 매운 음식은 드물었고 청양고추 같은 것은 있지도 않았다. 요즘은 사람들이 워낙 매운 음식만 찾으니 고추농사를 짓는 사람들도 매운 맛이 덜한 종자는 재배하기를 꺼린다고 한다. 이토록 나를 신경 쓰게 하는 고추라는 양념이 도대체 언제부터 우리 음식을 이렇게 맵게 만들기 시작했는지 궁금해서 찾아보았다.

우리나라에 처음으로 고추씨가 들어온 것은 임진왜란(1592) 때 왜군에 의해서였다고 한다. 매운 음식이라면 우리보다도 더 못 먹는 일본인들이 전쟁터에 오면서 고추씨는 도대체 왜 가져왔을까? 당시에는 일본이 조선인들을 독살하기 위해 이 독초를 가지고 왔다는 소문이 파다했다지만 지금도 그 이유는 알 수가 없다고 한다.

고추재배에 대한 최초의 기록은 『지봉유설(芝峰類說)』(1613년 이수광(李睟光)이 편찬한 백과사전)에서 볼 수 있다. "남만초(南蠻椒: 고추)에는 강한 독이 들어 있다. 왜국에서 왔기 때문에 흔히 왜겨자(일본고추)라고 부르며 최근에는 이것을 재배하는 농가를 자주 볼 수 있게 되었다. 주막에서 소주와 함께 판 이 고추를 먹고 목숨을 잃은 자가 적지 않다."라고 기록되어 있다는데 고추를 먹고 사람이 죽었다는 것도 그렇고 그러면서도 재배농가는 는다 하니 도대체 무슨 말인지 이해하기 어렵다.

고추가 독초가 아니라는 사실이 밝혀지면서 우리 음식에서 완전히 자리를 잡은 것은 19세기 초쯤이라고 한다. 고추장도 그 무렵에 나왔다. 그러니까 한국 음식은 맵다는 고정관념이 생기기까지의 역사가 200년 남짓이라는 얘기다. 생각보다 길지 않은 역사다. 한 나라의 음식 맛이 어떤 고정관념으로 굳어지기까지는 꽤 많은 세월이 걸릴 듯한데 고추는 결코 길다고 볼 수 없는 기간에 우리의 입맛을 완전히 장악했으니 그 위력이 대단하다 하겠다.

너나없이 고추의 매력 앞에 즐겨 입맛을 내어맡기는 것을 보면 가끔 부럽기도 하다. 내 입맛도 분명 한국산인데 새빨가니 윤기가 자르르 흐르는 아귀찜이나 갓 무쳐놓은 빨간 배추겉절이가 왜 먹고 싶지 않겠는가. 그러나 아무리 침이 꼴딱 넘어가도 내게는 그림 속의 떡이다. 적을 알고 나를 알면 백전백승이라 했건만 고추만은 아무리 알고 덤벼도 정복할 수 없는 강적 중의 강적이다.

누가 한국사람 아니라 할까봐 그러는지, 이제 겨우 여덟 살 난 나의 손녀는 이 할미가 입도 못 대는 매운 김치나 떡볶이를 얼마나 잘 먹는지 모른다. 벌써부터 저렇게나 좋아하니 커나면서 얼마나 더 매운 맛을 찾을까 싶어 아이 어미를 자꾸 나무라게 된다. 고추라고 왜 유익한 영양소가 없을까만 아직 어리고 연약한 위장에 가해질 자극성이 문제 아닌가?

고추 얘기를 하자니 생뚱맞게 생각나는 일이 있다. 여동생 여섯을 거느린 외아들인 남편을 만나 나는 딸만 둘을 낳았다. 둘째 딸을 낳아 병원에서 돌아온 날 손녀의 기저귀를 갈아 주면서 시어머니가 긴 한숨과 함께 하시던 말씀.

"에구 이것아 고추나 하나 달고 나오지."

앤티크에는 이야기가 있다

　값비싼 골동품이나 고가구를 앤티크(antique)라고 한다. 그러나 앤티크의 원래 뜻은 '옛날의' 또는 '고물'이니 물질적 가치보다는 세월을 의미하는 말이다. 버려져 오래된 것이 아니라 그에 깃든 의미와 인연이 소중해서 오랜 시간 잘 보관된 물건이라면 그것은 물질적 가치에 상관없이 누군가에게는 귀중한 앤티크다.
　작은 돌멩이 하나라도 그 의미를 버리지 못하는 것은 오래된 나의 습관 중 하나다. 내게는 그래서 간직된 자잘한 앤티크들이 많다. 작은 공예품에서부터 예쁜 카드와 색이 변한 낙엽들, 작은 그릇이나 유리제품 그리고 조개껍데기와 조약돌까지 그 종류도 다양하다. 컬렉션과는 아예 무관하고 값나가는 것도 아닌 잡동사니들이다. 그래도 하나같이 소중한 인연과 추억을 가지고 있어 내게서 앤티크라는 이름으로 새로 태어났다고나 할까.
　세월로 보나 애착으로 보나 가장 소중한 나의 앤티크는 어릴 때 친정어머니가 주신 예쁜 헝겊조각들과 비단색실이다. 60여년 이 지나도록 변하지 않고 남아준 고운 색깔이 마치 어머니의 마음인 양해서 애틋한 심정으로 만져보곤 한다. 지금은 그 헝겊들로 손바느질을 해서 화려한 꽃을 만든다.

아이들이 자라던 시절의 물건은 내게 귀한 앤티크다. 우리 세 모녀는 가끔 집에서 동문회를 열자고 농담을 한다. 두 딸과 내가 모두 같은 재단의 사립학교를 다녔기에 하는 우스개다. 내가 중·고등학교를 6년, 큰딸이 초등학교와 중학교를 9년, 작은딸이 초등학교와 고등학교를 9년, 그렇게 세 모녀가 같은 캠퍼스에서 공부를 했으니 흔치 않은 동문가족임이 분명하다.

중학교에 다니던 시절, 나는 가을이면 학교에서 고운 단풍잎을 주워 시집 속에 끼워두곤 했다. 역사가 오랜 우리 학교는 교정에 고목이 많아서 가을이면 발이 푹푹 빠지도록 예쁜 낙엽이 쌓였다. 내가 끼워둔 시집 속의 낙엽을 보면서 자란 큰아이는 초등학교에 들어가자 저도 가을이면 교정에서 예쁜 낙엽을 주워왔다. 그리고 는 "엄마 낙엽과 아기 낙엽이 만났어."라면서 내 시집 속에 같이 끼워두고는 자주 들여다보며 즐거워했다. 언젠가는 백일장에서 '엄마 낙엽과 아기 낙엽'이라는 동시를 써서 장원을 해 나를 감격시키기도 했다.

오래된 책들 속에 지금도 간직되어 있는 낙엽은 이젠 어느 것이 내 것이고 어느 것이 딸의 것인지 모르게 똑같은 모습으로 변색해 있다. 그래도 나를 감상에 젖게 하고 딸아이를 꿈꾸게 했던 아름다운 색깔은 흔적도 없이 사라지고 이젠 약간의 자극에도 쪽이 떨어져나가는 안타까운 모습이 되었다. 이 바슬바슬함으로 언제까지 더 버텨줄까 싶어 마음이 애잔한 나의 앤티크다.

두 딸이 아기 때 먹었던 외국산 분유통 속에는 오목하니 갸름한 스테인리스 스푼이 들어 있었다. 아이들 밥숟가락으로 쓰기에 안성맞춤인 크기였다. 그나마도 귀한 물건인 시절이어서 탐내는 이들에게 나누어 주며 인심을 쓰기에도 좋았다. 스푼은 아이들의 이유식을 거쳐 밥숟가락으로 그리고 학교에 다니면서는 도시락용으로 요긴하게 쓰였다. 지금도 나는 아이스크림을 먹을 때면 어김없이 이 스푼을 찾는다.

손주들이 태어나면서 스푼은 녀석들의 차지가 되었다. 달리 작은 숟가락도 있지만 손주들이 올 때마다 나는 꼭 그 숟가락을 챙겨 식탁에 놓아준다. 녀석들은 어릴 적 제 어미들이 하던 것처럼 그 스푼으로 밥을 폭폭 잘도 떠먹는다. 엄마가 어릴 때 쓰던 숟가락이라고 좋아하면서.

세월이 바뀌어 지금 아이들은 도시락을 가지고 다니지 않는다. 스푼을 잘 두었다가 손주들 도시락용으로 주려던 내 소망은 영랑의 모란처럼 허무하게 무너지고 말았다. 고급스럽고 예쁜 스푼이 부지기수인 세상에 그런 옛날 스테인리스 숟가락은 이젠 딸아이조차 거들떠보지 않는 그야말로 고물이 되었다. 이거 너 주랴 물어도 선뜻 대답을 않는다. 10개를 남겨 두었던 것이 언젠가 이사 때 웬일로 뭉텅 없어지고 겨우 3개가 살아남았으니 더욱 귀한 나의 앤티크다. 스푼에 포스터물감으로 예쁜 그림을 그려 딸에게 어린 시절 기념품으로 줄까 생각하고 있다. 그때는 딸아이도 앤티크로 여겨주지 않을까?

중학생 때부터 나를 아주 예뻐하신 영어선생님이 인형을 수집하고 계셨다. 부잣집 외딸인 선생님 방에는 그 시절에는 구경하기도 힘든 예쁜 외국인형이 많았다. 내가 선생님 댁에 자주 들락거린 것은 선생님도 선생님이지만 어쩌면 인형 구경하기가 더 좋아서였는지도 모른다. 크리스마스 때마다 선생님은 내게도 인형을 선물로 주시곤 했는데 외딸인 나는 마치 여동생이라도 생긴 양 그 인형들을 애지중지했다.

결혼을 하고 딸 둘을 키우면서 나의 인형들은 수난을 맞게 되었다. 나는 중학생 때부터 얻은 것이라 잘 간직할 수가 있었지만 우리 아이들은 너무 이른 시기부터 만지기 시작했으니 어찌 인형이 성하기를 바라랴. '개 발에 닭 알'이었다.

다 망가뜨리고 끝까지 버티어낸 인형은 우리가 '빨간 모자'라고 불렀던 미국 산 봉제인형 하나뿐이었다. 선생님은 내게 매번 공주풍의 인형을 선물로 주셨는데 딱 한번 그 봉제품 아기인형을 주신 적이 있었다. 작은딸이 그 빨간 모자에 거의 집착 같은 애착을 가지고 있었다. 망가진 곳을 수리할 적마다 이것 하나라도 숨겨서 보관해야겠다고 생각했지만 곧 중학생이 될 나이에도 여전히 빨간 모자가 없이는 잠자리에 들지 못하는 아이에게서 인형을 빼앗아내기가 힘들었다. 결국 더 이상 어찌 해볼 도리가 없이 망가진 인형을 아이 몰래 버릴 수밖에 없었다. 딸아이가 지금도 그 충격을 잊지 못하는 안타까운 나의 앤티크였다.

내게는 한번 마음에 든 물건은 영원히 마음에 드는 물건인 것 같다. 그 물건을 처음 만난 순간의 첫사랑 같은 애정이 식지를 않는다고나 할까. 가끔 그들을 들여다보면서 이렇게 추억이 많고 이야기가 많은 내 삶을 행복하게 여긴다.

채소가게의 토마토

"너 몰랐지? 토마토가 과일이 아니라는 사실."
"아무렴 그것도 모를까 봐서요?"
"그러면 오이는 채소냐?"
"그럼 아닌가요?"

토마토 한 상자를 사서 나눠 가져왔다는 딸아이와 주고받은 말장난이다. 토마토야 당연히 채소인 줄 알지만 오이가 과일이라는 사실은 좀 미심쩍다고 혹시 엄마가 잘못 알고 있는 것이 아니냐고 딸아이가 반박했다. 그러나 오이는 분명 채소가 아니라 과일이라고 한다. 나도 이즈음에 알게 된 사실이다. 감자는 뿌리가 아니라 줄기라고 쉽게 대답한 딸아이가, 바나나가 과일이 아니라 여러해살이풀이라는 말에 또 의아해 했다. 양파는 채소가 아니라 화초인 백합꽃의 한 종류라는 것도 "너 몰랐지?"라며 한참을 유쾌하게 떠들었다.

외국의 어느 대학 연구소에서 토마토를 우리 건강에 유익한 10대식품 중 하나로 꼽았다고 한다. 그래서 그런지 요즘 우리 텔레비전에서도 장수식품이나 항암식품을 얘기할 때면 토마토를 빼놓지 않는다. 그런 효능을 미리 알았던 것은 아니지만 나는 오래전부터 매일 아침 토마토를 먹어 왔다. 언젠가 한 지인이 변비로 고생하는 나를 위해 권해 주기에 먹기 시작했는데 상당한 효과가 있다고 믿고 있는 바다. 항암효과가 있다는 식품을 십여 년이 넘도록 장복했으니 변비뿐만 아니라 암 예방에도 도움이 되었으면 좋겠다.

토마토는 우리나라에 들어오면서 그 예쁜 모양새 때문인지 처음부터 채소가 아니라 과일로 인식되었던 것 같다. 우리가 자랄 때만 해도 토마토는 당당히 과일 대접을 받는 식품이었다. 사과나 배처럼 식후에 디저트로 먹기도 하고 때로는 손님의 다과상에도 오르는 의심 없는 과일이었다. 썰어 놓은 토마토에 설탕을 약간 뿌리거나 소금을 찍어 먹는 사람도 있었다. 어떤 연세 높은 어른이 토마토를 '서양 감'이라고 부르던 생각이 난다. 겉모습이 감과 비슷하게 생겨서 그랬겠지만 그분은 토마토를 자시지는 않았다. 양내(서양냄새)가 나서 안 먹는다고 하셨다.

중국에 처음 갔을 때다. 시장에 갔더니 풍경과 산물도 낯설지만 특히 내가 찾는 토마토가 과일가게가 아닌 시장의 채소가게에 있는 것이 좀 의외였다. 토마토는 당연히 과일가게에서 산다는 것이 내 상식이지만 중국의 과일가게에서는 절대로 토마토를 살 수가 없다. 우리와 달리 중국 사람들에게 토마토는 처음부터 채소였던 모양이다. 우리와는 식생활이 달라서 그랬으리라 싶다. 그런데 중국에서 먹는 토마토는 우리 것보다 향이나 맛은 덜하고 살이 두껍고 단단해서 확실히 채소라는 생각이 들게 한다. 중국인들은 토마토를 주로 다른 채소와 함께 식용유에 볶아서 먹는데, 국을 끓여 먹는 것을 보고는 좀 놀랐다. 토마토로 국을 끓인다는 생각은 해본 적이 없어서 먹기 전에는 그 맛이 얼른 상상이 되지 않았다.

지금은 나도 가끔 싱싱한 토마토로 국을 끓인다. 때로는 같은 방법으로 오이국도 끓이는데 이 역시 중국에서 배운 것이다. 조리법이 간단한 데에다 시원하고 담백해서 중국인들이 주로 여름에 먹는 계절음식이다. 그러나 맹물에 끓여 소금으로 간하는 중국식 토마토국은 아무래도 맛이 좀 밍밍한 듯하여 나는 다시마 육수에 끓이는 식으로 약간 바꾸었다. 그리고 소금으로만 간을 하지 않고 국간장과 반반씩 쓰고 마늘도 조금 다져 넣는다. 국이 끓으면 불을 끄기 직전에 계란을 풀어 넣고 새파랗게 쪽파를 띄운다.

더위에 지친 입맛을 달래려고 오늘 저녁은 일찌감치 토마토 국을 끓여 놓았다. 식사 때쯤이면 적당히 식어 있을 것이다. 사실 중국인들은 토마토나 오이보다도 똥과(冬果)로 더 자주 국을 끓이는데 요리방법은 비슷하며 이들을 모두 더위를 쫓는 음식이라고 말한다. 그래서인지 차게 식혀서 먹는 음식이다. 시원하게 먹는 것이 내 입맛에도 제법 잘 맞는다.

요즘은 우리도 토마토를 채소로 여기고 요리하는 것이 일반적이다. 그러나 살 때는 여전히 야채코너가 아닌 과일코너로 가야 한다.

황혼의 호숫가에서

 지난주는 작은 호숫가의 친지 집에서 지내고 왔다. 심신에 함빡 배어든 가을 향기와 저녁놀의 환상이 한동안 사라지지 않을 것 같다.
 황혼이 내리는 시간. 바람 잔 호수에는 만추의 앞산이 그림처럼 잠겼고 물새들이 그 화면에 금을 그으며 놀고 있었다. 태양은 마지막 열정을 불태우며 언제나 호수의 서쪽 끝으로 옷자락을 끌며 지나간다. 숨이 막히도록 황홀하면서도 부드러운 황혼 빛. 그 빛이 풀어 놓은 붉디붉은 물감 속으로 나도 물새처럼 발을 담그고 철벅거리고 싶었다.
 작은 기척에도 잘 놀라는 물새들은 때때로 일제히 날아오르곤 한다. 그럴 때마다 물새들의 날개에서는 오색영롱한 보석들이 무수히 튀어 흩어진다. 황혼은 어쩌면 그리도 찬란한 보석을 만들어 낼 수가 있을까? 혼신의 힘을 다해 불태우는 빛깔은 가슴이 저리도록 절실하고 아름답다. 그 벅찬 빛깔에 나도 모르게 눈물이 고였다.

산통처럼 힘겹게 달려온 하루는 이제 부드러운 황혼의 품속에서 편안하게 몸을 풀고 새로 태어날 내일을 준비한다. 오늘의 크고 작은 사연과 상처들을 그 붉은 물결에 후회 없이 풀어내기에 태양은 내일의 새로운 인연을 또 환하게 맞이할 수가 있나보다.

황혼의 호숫가에 서면 두고 온 일상 모두가 나와는 상관없는 저 먼 곳의 일인 듯 부질없고 아득하게 느껴진다. 그날의 걱정은 그날로 족하다는 말이 생각나면서 마음이 단순해진다. 세상사에 굳은 어두운 습성과 지친 마음이 순수한 황혼의 물결에 씻어지는 듯하다. 그러다가 퍼뜩 숨을 멈춘다. 나의 하루가 이토록 찬란하게 전송해도 될 만큼 선량했던가 싶어서다. 무언지 모를 미안함에 머리가 숙여진다.

그렇게 황혼 속에 서서 어느 시인의 시를 떠올렸다. 조희선 시인의 「아침 그대를 맞으며」라는 시다. 실상 이 시는 하루를 시작하는 희망찬 아침의 노래여서 황혼과는 무관하다고 할 수 있다. 그런데도 나는 황혼의 호숫가에 설 때면 으레 이 시를 떠올리곤 한다.

아침 그대를 맞으며

살아간다는 것은 기쁨이야

하루를 산다는 건
그물을 싣고 바다를 향해 떠나는 싱싱한 희망이야
어젯밤의 졸린 눈으로 하늘을 바라보는 건 싫어
지난날의 어둔 습성으로 아침 창을 여는 건 싫어
살아간다는 건 설렘이야
하루를 산다는 건
인연을 따라 운명을 건져 올리는 황홀한 만남이야.

서로 일면식도 없는 시인의 시를 나는 참으로 미안하게도 '황혼 그대를 맞으며'라고 제목을 고쳐 읊는다. 시어 몇 마디도 내 마음대로 약간 바꾸었으니 좀 어색한 것이 사실이다. 물론 원작인 「아침 그대를 맞으며」를 좋아한다. 그래서 입에 익다 보니 어느 날 문득 생겨난 변주곡이라고나 할까. 황혼으로 고쳐 읽어도 전혀 손색없이 좋기에 나로서는 이 시를 두 배로 즐긴다고 믿는 바다. 어느 날인가 호숫가의 황혼 속에서 문득 '황홀한 만남'이라는 시어가 기억났고 이후로 이런 외람된 시도를 하게 되었다.

황혼 그대를 맞으며

살아간다는 것은 기쁨이야
하루를 살았다는 건
그물을 싣고 바다를 헤쳐 온 싱싱한 희망이야
하루의 지친 눈으로 황혼을 바라보는 건 싫어
지난날의 어둔 습성으로 황혼의 창을 여는 건 싫어

살아왔다는 건 설렘이야
하루를 살았다는 건
인연을 따라 운명을 건져 올린 황홀한 만남이야.

시인이 아침 바다에서 싱싱한 오늘의 희망을 건져 올린다면 나는 황혼의 호수에서 새로운 내일의 희망을 건져 올리는 셈이다. 그렇게 시간을 약간 바꾸어보아도 내게 주어지는 하루를 귀하고 새롭게 맞이하려는 마음은 다를 것이 없다고 믿는다. 삶의 바다를 헤쳐 온 하루에 비록 부족함이 남더라도 그 불편에 얽매이지 말기를. 내일은 또 내일의 기대에 맡겨두고 불안을 앞당기지 말기를. 그래서 내게 다가오는 모든 만남이라는 인연을 믿고 기대하는 심정으로 시를 읊는다.

만남에 만남을 더하면서 인연을 쌓아가는 것이 삶이다. 그러나 만남이란 내 의지와는 상관없이 오고 가는 존재가 아니던가? 내가 좋아한다고 오고 내가 싫어한다고 가는 것이 아니니 그에 연연하는 것은 허황되다. 기대하면 할수록 실망을 주고 떼려 하면 할수록 엉키는 것이 인연의 속성이다. 가까울수록 아픈 매듭을 남기고 소홀하면 회한을 남기는 변수 많고 덧없는 인연이라는 존재. 오면 오는 대로 가면 가는대로 물처럼 흘려보내라고 어떤 이는 말한다.

그렇더라도 새로운 만남의 인연이란 항시 기대 속에 오게 마련이다. 한 아름 꽃처럼 반가운 인연을 기대하고 한마디 시어처럼 멋진 만남을 바라는 꿈을 어찌 버릴 수가 있을까? 그렇게 희망으로 내일을 기대하는 한 나는 날마다 새롭게 태어나는 것이다.

  호수에 내리는 황혼 속에서 하루를 내려놓는 마음이 한없이 따뜻했다. 어둡고 부끄러운 습성을 그 순수의 붉은 물결에 풀어 보내며 새로운 마음으로 내일의 희망을 건져 올리고 있었다.

중수필

金여사 이야기

  만년을 양로원에서 지내던 金여사의 부음을 전해들은 것은 그녀가 세상을 떠난 지 이미 2년이나 지난 때였다. 당연히 그랬을 터이지만 마지막까지 金여사의 곁을 지킨 사람은 그녀의 무남독녀인 선미엄마였다고 한다. 선미엄마는 지능이 좀 낮은 사람이라 金여사가 양로원에 들어갈 때 그 딸을 함께 데리고 갔던 터였다.
  내가 金여사를 처음 알게 된 것은 중학교 2학년 때였다. 그 무렵에 내 외가가 우리 학교 근처로 이사를 했는데 그 동네에 金여사가 살고 있었다. 자랄 때 몹시 병약했던 나는 방학이면 꼭 외가에 가서 한약을 먹는 것이 연례행사였다. 외가와 학교가 가까워진 후로는 방학이 아니라도 외가에 머무는 적이 많았다. 외가에서 학교를 오갈 때면 사람들이 대궐 같다고 표현하는 金여사 집 앞을 지나다녔다. 金여사네는 인근에 소문난 부자였고 그 시절에는 드물게 부부가 함께 테니스를 치러 다니는 멋쟁이였다. 부부는 정원

손질이 잘 된 넓은 저택에서 딸인 선미엄마 모녀를 데리고 몇 명의 부리는 사람들과 함께 살고 있었다.

金여사가 전 남편을 사별하고 지금의 남편인 윤 사장과 재혼했다는 사실은 왜 그런지 다들 귓속말로 소곤대는 비밀이었다. 딸인 선미엄마가 전 남편의 소생이라는 사실 역시도 그랬다. 金여사와 윤 사장의 사이에는 웬일인지 자식이 없었다. 선미엄마는 나이에 상관없이 항상 아이 같은 말투와 표정으로 살았는데 열다섯 살에 열병으로 뇌손상을 입은 탓이었다. 그녀의 남편 선미아버지는 수년 전에 가출한 채 돌아오지 않고 있었다.

金여사는 큰 재산가의 딸로 태어나 일제 때 일본유학을 한 인텔리였다. 그녀가 중도에 학업을 접고 돌아온 것은 부모가 결정한 결혼을 하기 위해서였다. 실상 당시 그녀에게는 부모가 모르는 연인이 있었지만 자유결혼이란 감히 꿈도 꾸지 못할 시절이었다. 그녀가 일본에 남겨두고 온 첫사랑 그가 바로 가난한 유학생 윤 사장이었다.

金여사의 결혼은 가문으로 보나 재산으로 보나 서로 잘 어울리는 인연이었지만 그녀의 남편은 무척 병약한 사람이었다. 그는 딸아이가 백일을 넘길 무렵 어이없이 요절하고 말았다. 金여사의 시부모는 사업 상 일본인들과의 접촉이 많았고 상당히 개화된 인식을 가지고 있었다고 한다. 그 시절은 며느리가 박복해서 내 아들이 일찍 죽었다고 생각하는 때였지만 그이들은 전혀 그렇지 않았던 듯하다. 그래도 명망 있는 가문에서는 아직은 여자의 재혼을 꺼리는 때였다. 金여사의 시부모는 며느리가 양가의 위신을 생각해서라도 당연히 수절하고 살 것으로 믿었던 것 같다. 둘째 며느리를 들이게 되자 그녀들은 큰며느리가 아이를 데리고 친정 곁으로 가서 편히 살도록 배려해 주었다. 아이를 잘 키우라는 부탁과 함께 손녀와 죽은 장남의 몫으로 큰 재산을 떼어주기도 했다. 그만한 재산이면 만에 하나 있을지도 모를 며느리의 재가를 막을 힘이 되어 주리라 믿었을지도 모른다.

어느 날 金여사를 찾아온 사람이 있었다. 일본에서 헤어진 후로 소식도 몰랐던 첫사랑 윤 사장이 아직 결혼도 않고 있다가 소문을 듣고 찾아온 것이었다. 金여사의 마음은 흔들릴 수밖에 없었고 자초지종을 알게 된 金여사의 부모는 비밀리에 두 사람을 아이와 함께 멀리 다른 도시로 떠나 살도록 주선해주었다. 바로 우리 학교가 있는 동네였고 나중에 내 외가가 이사한 곳이었다.

사람들은 金여사 네를 '윤 부잣집'이라고 불렀다. 실상 김 여사는 큰 부자였다. 시댁에서 받은 재산도 재산이지만 친정에서도 그에 못지않은 재산을 주어 보냈던 것이다. 남편 윤 사장은 깔끔한 용모에다 애처가여서 부부금슬이 좋기로 소문이 나 있었다. 그런데 웬일인지 그는 돈 버는 재주는 없는 사람이었다. 손대는 일마다 실패를 거듭하면서 그는 그 많은 아내의 재산을 끝없이 축내며 살았다.

딸이 나이 차자 金여사는 데릴사위를 들였다. 사위는 허우대가 멀쩡하고 착해 보였지만 얼마 못 가 본색을 드러내기 시작했다.

다니던 알량한 직장을 그만두고 장사를 하겠으니 자금을 달라고 졸라대기 시작했다. 그는 벌이는 일마다 실패했다거나 속았다고 하면서 빈손을 내보였다. 애초부터 그의 목표는 지능이 낮은 멍청한 아내가 아니라 아내 몫의 재산이었다. 장모가 더 이상 돈 요구에 응해주지 않자 그는 돌쟁이 딸 선미와 아내를 남겨놓은 채 어디론지 사라지고 말았다.

金여사는 꽤 후덕한 사람이었는데 웬일인지 딸에게만은 비정하다 싶을 만큼 냉정하고 엄했다. 딸이 할 수 있는 일이랬자 단순한 집안일 정도가 고작이었지만 金여사는 그런 일이나마 완벽하게 해내도록 딸을 닦달했고 실수를 용납하는 법이 없었다. 일하는 사람들이 있는데도 자신의 시중만은 하나에서 열까지 모두 딸이 감당하도록 했고 그런 어머니를 딸은 몹시도 두려워했다.

어느 해인가 윤 부잣집이 소리 없이 동네를 떠났다. 이번에 벌인 윤 사장의 사업이 또 실패하면서 그 큰 집이 은행에 넘어갔다는 소문이 파다했다. 이젠 남은 재산도 별로 없어 집을 건질 여력이 없었다는 소문만 무성할 뿐 그이들이 어디로 갔는지 아는 사람은 없었다. 이후로 그들은 내 기억에서도 사라졌다.

친정 남동생이 결혼해서 살림을 차린 서민아파트에서 뜻밖에도 金여사를 만난 것은 그녀가 외가 동네를 떠난 지 20년도 넘은 때였다. 이미 칠순을 넘긴 그녀에게서 옛날 귀부인의 모습을 찾아보기는 힘들었다. 조용한 언행과 꼿꼿한 몸매만이 지난날의 그녀를 말해주고 있었다. 내 외가와 여학생 시절을 말해주자 金여사는 세상 참 넓고도 좁다며 내 손을 잡고 허탈하게 웃었다. 남편 윤 사장은 몇 해 전에 이미 세상을 떠나고 없었다. 마지막 재산이었던 집을 팔아 수년 간 남편의 병 수발로 진 빚을 정리하고 겨우 이 방 두 칸짜리 아파트에 세 들었다며 金여사는 무척 자조적인 어조로 말했다. 죽는 날까지도 윤 사장은 아내에게는 돈이 있는 줄로 알았다 하니 마누라 덕에 호강하는 것도 다 그 사람 복 아니겠느냐고 부러움 반 비아냥거림 반으로 사람들의 입에 오르내리던 그의 말쑥한 모습이 떠올랐다.

오십이 넘은 선미엄마는 여전히 아이처럼 순박하고 명랑한 표정으로 살고 있었다. 그런데 뜻밖에도 그녀의 등에는 세 살 먹은 딸아이 하나가 업혀 있었다. 달리 남자라고는 모르고 살아온 그녀에게 또 하나의 딸이라니. 참으로 가혹한 짐이었지만 그러나 그녀에게는 철없이 사랑스럽기만 한 막내딸이었다.

그녀가 쉰둥이를 낳게 된 딱한 사연은 이랬다. 어느 날인가 초저녁 때였다고 한다. 까맣게 잊고 있던 선미아버지가 꾀죄죄한 모습으로 불쑥 나타난 것은 그가 집을 나간 지 꼭 20년 만이었다. 별 말도 없이 하룻밤을 지낸 그는 이튿날 늦은 아침상을 물린 후 올 때처럼 말없이 사라졌고 역시 다시는 돌아오지 않았다. 물론 아이가 생긴 것도 그는 모를 터였다. 金여사는 딸이 나이 오십에 그것도 하룻밤 잠자리로 임신을 하리라고는 생각지도 못했다. 배가 불러 올라 주위 사람들이 모두 알아볼 때까지 金여사도 선미엄마 자신도 임신했다는 사실을 몰랐다.

스물세 살이 된 선미는 상업학교를 졸업하고 조그만 공장 사무실에서 일하고 있었다. 선미는 어릴 때처럼 여전히 귀여운 인상이었지만 생김새와 달리 성격은 아주 냉정했다. 그녀는 어머니를 마구 대하는 버릇이 몸에 배어 걸핏하면 어머니를 "바보! 멍청이!"라며 박대했고 아이와 함께 나가 죽으라고 하루가 멀다 하고 히스테리를 부렸다. 혼자 힘으로 살아갈 능력이 없는 딸에게 재산 한 푼 남겨주지 않은 외할머니와 20년 만에 돌아와 저쪽 방에서 자고 있다는 말만 들었을 뿐 얼굴도 본 적이 없는 아버지에 대해 선미는 끝없는 증오심을 끓이며 살고 있었다. 그리고 남부끄러운 줄도 모르고 아이를 업고 다니는 어머니와 그 동생을 죽고 싶도록 창피스러워 했다.
　실은 金여사 자신도 딸 몫의 재산을 지켜주지 못한 점에 대해서는 깊은 회한을 가지고 있었다. 딸을 대하는 태도도 매정하던 옛날과는 많이 달라져 있었지만 그러나 딸로서는 여전히 하늘같이 두렵기만 한 어머니였다. 불쌍하다고 어리광을 받아주며 길렀다면 딸이 지금 정도의 사람구실도 할 수 없을 것이라는 金여사의 말에는 사실 공감되는 바가 없지는 않았다. 그렇다고는 해도 딸을 평생의 몸종으로 부리며 사는 외할머니에 대한 선미의 원망을 탓할 수만은 없는 것도 사실이기는 했다.
　그러나 누가 뭐래도 어머니만큼 딸을 잘 아는 사람은 없을 것이다. 金여사가 딸의 능력에 맞는 일을 가장 적절한 방법으로 훈육해 왔을지는 사실 모를 일이다. 지능이 낮다고는 해도 선미엄마에게도 한 가지 정도는 자부심을 가질 만한 일이 필요하지 않았을까? 수족처럼 빈틈없이 金여사와 딸의 수발을 들면서 그녀는 자주 "우리 어머니는 나 없으면 안 돼요."라고 말했는데 그럴 때 그녀의 표정은 자부심에 차 보였다. 실상 선미엄마는 가족을 위한 최상의 살림꾼이요 최선의 일꾼이어서 없어서는 안 될 사람이었다. 그녀는 항상 온 집안을 거울처럼 닦아 놓고 눈 같이 흰 빨래를 가지런히 널어놓았다. 뜨개질도 꽤 잘해서 가끔 반찬값을 보태기도 할 정도였다. 집안일은 그녀가 가질 수 있는 유일한 자신감인 동시에 자부심이요 가족이 그녀를 필요로 하는 이유이기도 했다.

우연히도 나는 외국의 한 친지에게 金여사의 그 세 살바기 손녀를 양녀로 보내는 일을 주선하게 되었다. 자신이 죽고 나면 딸이 그 아이를 키우지 못하리라고 고심하던 金여사에게는 큰 짐을 더는 일이었고 선미에게는 그토록 창피스럽던 동생을 더 이상 보지 않아도 되는 일이었다. 아이가 떠난 얼마 후 金여사는 외손녀 선미를 시집보내고 자신은 딸과 함께 양로원으로 들어갔다. 그런데 내게는 그 사실을 알려 주지 않았다.

金여사는 아마도 선미엄마에게서 아이의 기억을 지워주고 싶었을 것이다. 화제에 올리지 않고 시간이 지나면 딸의 기억이 희미해진다는 것을 그녀는 잘 알고 있었을 터이니까. 이젠 자기 힘을 벗어난 손녀와의 인연을 딸에게서 지워주고 자신도 마음으로부터 끊어내고 싶었으리라. 金여사의 의도를 짐작하고 이해할 수 있기에 나는 구태여 그녀들을 찾지는 않기로 했다.

그러나 그녀들이 양로원에 정착한 지 십여 년이 지난 어느 해 그 두 사람을 꼭 찾아보아야 할 일이 생겼다. 아이를 입양해간 양부모가 내게 여러 장의 사진을 보내면서 잘 자라고 있는 아이의 소식을 그 생모와 외할머니에게 전해주기를 부탁했던 것이다. 그리고 양부모는 내가 그녀들과의 연락을 끊지 않기를 원하고 있었다. 이제 사춘기에 들어서는 아이가 혹시라도 자기 출생에 대한 혼란을 겪으면서 생모를 찾을지도 모른다는 우려에 대처할 준비인 셈이었다.

양로원을 방문하고 싶다고 전화했을 때 金여사는 극구 나를 말렸다. 자신들은 이젠 세상에 없는 사람으로 생각하고 제발 잊어달라고 사정하다시피 말했다. 기어이 찾아간 날 金여사는 딸이 미는 휠체어에 실려 마지못해 나를 만나러 나왔다. 지난 모든 세월은 다 잊고 싶을 뿐이라면서 그녀는 옛일을 떠올리는 것조차 고통스러워했다. 내게 소식을 전하지 않은 것은 선미엄마를 위한 것이기도 하지만 더 큰 이유는 입양 간 아이의 장래를 위해서였는데 이제 와서 자신들이 나타나 아이에게 공연한 혼란을 주고 싶지 않다고 말했다. 만일 아이가 찾더라도 자신들은 이미 죽고 없는 것으로 해달라고 부탁했다. 들고 간 아이의 사진을 보면서 그녀는 아주 잠시 미소를 지었지만 그러나 내가 선미엄마에게 사진을 보여주려 하자 곧 나를 제지했다. 金여사의 명대로 선미엄마는 몇 걸음 떨어진 곳으로 가서 이쪽을 향해 멀거니 서 있었다. 나를 기억하는지 못하는지 그녀의 표정으로는 아무것도 짐작할 수가 없었다.

　아이가 입양 가기 전 마지막으로 선미엄마를 만났던 날이 떠올랐다. 입양을 결정한 후 아이를 미리 떼어와 우리 집에서 돌보고 있던 시기였는데 아이가 온 지 두 달 쯤 지난 어느 날이었다. 마루에서 혼자 놀고 있던 아이가 나를 부르기에 나가보니 현관문이 약간 열려 있었다. 아이가 열었나보다 싶어 닫으려다 보니 뜻밖에도 문 밖에 선미엄마가 쪼그리고 앉아 울고 있었다. 그녀는 마지막으로 한 번만 더 아이를 보러 왔다고 말했다. 그러면서 자기 어머니에게는 제발 말하지 말아달라고 사정했다. 절대로 아이에게 가면 안 된다는 어머니의 추상같은 명을 어기고 몰래 온 것이었다. 내가 알기로 그녀는 한 번도 어머니의 명을 어겨본 적이 없는 사람이었다. 아이가 이미 엄마 얼굴을 잊은 것을 알고 문 밖에서 숨 죽여 흐느끼고 있었던 것이다. 여느 어머니와 한 푼 다를 바 없는 그녀의 모성애를 전혀 생각해본 적이 없었던 나의 교만함에 깊은 후회와 자책감이 들었다.

　"아이가 내 얼굴을 몰라요."라며 그날 그리도 슬피 울던 그녀였건만 그 모두를 잊었는지 표정은 무심하기만 했다. 내게 사진을 돌려주고 다시는 찾아오지 말기를 거듭 부탁하는 金여사는 줄곧 내 시선을 피했다. 그녀의 눈빛 속에서 마지막 남은 자존심의 끝자락이 흔들리고 있었다.

　金여사의 부음을 내게 전해준 이가 말했다. 모자라는 자식이 더 효자라며 양로원 식구들이 항상 김 여사를 부러워했노라고. 그리고 무엇보다도 궁금한 선미엄마의 소식도 전해 주었다. 난생처음 어머니의 그늘을 벗어난 선미엄마는 처음에 좀 헤매기는 했지만 어차피 깊은 생각은 없는 사람이라 곧 적응했고 지금은 잘 지내고 있으니 걱정 말라고 했다. 그리고 입양 보낸 딸은 이미 오래 전에 잊었다고 그이는 말했다. 이젠 두 아이의 엄마가 된 선미가 가끔 어머니를 방문하러 온다니 그 또한 얼마나 다행한 일인지. 고단한 어린 시절을 보내면서 비뚤어진 심사를 보이기도 했지만 선미 역시 이젠 어미 된 한 여자가 아니겠는가? 그녀도 이젠 할머니에 대한 원망을 잊고 맺힌 한을 풀었기를 기원한다.

   부음을 전해준 이가 또 말했다. 딸이 되었든 몸종이 되었든 다 선미엄마의 타고 난 팔자가 아니겠느냐고. 팔자대로 잘 수행하고 살았으니 이제 남은 생은 걱정 없이 살라고 축원처럼 말했다. 그리고 평생 딸의 시중을 받으며 여왕처럼 살았던 金여사 역시 타고 난 자기 팔자대로 잘 살고 간 사람이라는 것이었다. 그녀의 말처럼 모녀간으로 이승에 와서 그렇게 풀어야 할 전생의 죄업이 있었다면 제발 그렇게 그녀들의 죄업이 끝났기를 두 손 모아 빌었다.

― 중수필

그 후에 목걸이는 어떻게 되었을까

 선입견만큼 사람을 편협하게 만드는 것도 없다. 선입견을 가지고 있으면 그 일의 실상을 제대로 파악하기가 어렵다. 다른 사람의 생각보다는 선입견에 근거한 내 생각이 기준이 되다 보니 보편타당한 판단을 할 수가 없다.
 여학교 적 국어시간에 모파상의 단편소설 『진주 목걸이』를 배웠다. 여학교여서 그랬을까? 여자가 허영심에 들뜨면 이렇게 된다는 경고를 유난스레 강조하며 공부하던 기억이 난다. 그래서 그런지 내 머릿속에는 '모파상의 목걸이=여자의 허영심'이라는 등식이 고정관념 내지는 선입견으로 자리 잡고 있었다.
 학교에서 배운 『진주 목걸이』라는 제목은 나중에 알고 보니 그냥 '목걸이'였다. 그리고 원작에는 분명 다이아몬드 목걸이인데 우리는 왜 진주 목걸이로 배웠는지 모르겠다. 주인공 마틸드가 목걸이 값을 갚느라고 10년이나 엄청 고생을 했다는 것으로 보아 진주보다는 다이아몬드가 개연성이 있는데도 말이다.

　세계단편문학선집 같은 데에는 으레 모파상의 목걸이가 들어 있게 마련이어서 가끔 만나게 되지만 항상 별 생각 없이 그냥 읽고 지나갔다. 엊그제 우연히 이 글을 또 읽게 되었는데 이번에는 내 기억에 저장되어 있던 그 등식이 약간 잘못되었다는 생각이 들면서 새로운 관심이 생겼다. 물론 여자의 허영심을 경계한 글이지만 그보다는 우리의 선입견을 경고한 글이라는 느낌이 강하게 들어서다.

　선입견이란 사실 누구나 쉽게 가질 수 있는 습관 같은 것이다. 모파상의 목걸이는 그런 선입견에 희생당한 순진한 보통사람의 이야기다. 허영에 들뜬 철없는 여자라는 이미지로 남아 있는 마틸드는 바로 나 자신이요 남녀 공히 우리 모두의 모습이다. 허영심의 모델로만 생각했던 주인공 마틸드에게 새삼 미안한 마음이 든다면 지나친 감상일까?

　알다시피 '목걸이'는 가난한 말단공무원의 젊고 아름다운 아내 마틸드의 이야기다. 어느 날 그녀는 남편의 직책상 중요한 파티에 참석하게 된다. 가난한 그녀는 겨우 옷 한 벌을 장만하고 부자 친구인 포레스티에 부인에게서 다이아몬드 목걸이를 빌린다. 그런데 안타깝게도 마틸드는 파티에서 그 목걸이를 잃어버리고 만다. 빚을 얻어 같은 목걸이를 사서 돌려준 그녀는 그 빚을 갚느라고 10년의 청춘을 허비하고 만다. 훗날 마틸드에게서 그 사실을 알게 된 포레스티에는 탄식하며 말한다.

"오! 가엾은 마틸드. 그 목걸이는 가짜였단다. 그건 기껏해야 오백 프랑밖에 안 되는 거였어."

가짜이기에 그 겉만은 진짜보다도 더 빛나고 아름답지 않았을까? 기막힌 반전을 통해 모파상은 단순한 선입견 하나가 한 인생을 얼마나 비참하게 만들 수 있는지를 극적으로 보여준다. 부자가 가짜보석을 가지고 있으리라고는 아예 생각도 할 수 없었던 마틸드의 선입견을 섣불리 비난하기는 어렵다. 선입견 하나로 청춘을 허비한 어리석음이라고 단순히 매도하기에는 그것은 누구라도 쉽게 빠질 수 있는 함정이요 일상적인 일이니 말이다.

반전이란 짜릿하고 통쾌한 자극임이 분명하지만 한편 얼마나 고약하고 허탈한 배신인가? 빚을 다 갚았다는 마틸드의 성취감이 여간 컸다 해도 반전이 주는 허탈과 배신감을 무시하기는 힘들었으리라. 그리고 반전이 강한 만치 반감도 강한 나 같은 독자도 있게 마련이다.

"그러면 되돌릴 수 없는 마틸드의 청춘 10년은 어쩌라고!"

젊은 날 하룻저녁 자신의 아름다움을 빛내며 잠시 들뜬 기분에 젖었던 대가가 이리도 혹독할 수가 있다는 말인가?

자랄 때 어머니께 자주 들은 말이 있다. 옛날얘기를 너무 좋아하면 가난해진다는 말이었다. 옛날얘기를 좋아하는 내가 수시로 어머니를 귀찮게 해드렸던 것이다. 이야기의 마지막에는 으레 "그래서 잘 먹고 잘 살았단다."라고 끝을 내주던 어머니의 옛날이야기. 항상 그렇게 정해진 끝이 있어 듣고 나면 미련도 남지 않고 마음도 후련한 것이 우리의 옛날얘기였다. 문득 그런 식의 편안한 끝자락 이야기를 하나 만들어 마틸드를 위로해 주면 어떨까 라는 생각이 든다. 뜬금없이 발동한 나의 궁금증이 이런 엉뚱한 생각을 불러왔다.

 나는 정말 궁금하다. 마틸드가 포레스티에에게 돌려준 그 진짜 다이아몬드 목걸이는 그 후 어떻게 되었을까? 아무도 궁금해 하지 않고 말해주는 이도 없으니 급한 놈이 샘 판다고 나라도 나서서 우리 옛날얘기 식의 후일담을 하나 만들어보고 싶다. 그래서 억울한 마틸드를 위로하고 내 궁금증도 풀면서 어릴 때처럼 속이 좀 후련해지고 싶다. '맥 빠지게 무슨 그런 유치한 이야기를' 싶겠지만 사람은 늙으면 유치해진다지 않던가? 나는 지금 충분히 그 유치한 나이에 와있다. 그런다고 모파상의 빛나는 반전이 무색해질 리도 없으니 나만 잠시 흥잡히고 말면 그만이다.

 "뭐가 그리 궁금해. 포레스티에가 목걸이를 찾아 돌려주면 그만이지."라고 한다면 더 이상 이야기할 필요도 없이 쉽고 만족한 결말이 된다. 그렇게 되면 포레스티에는 친구에게 큰 선행이라도 베푼 듯 뿌듯할 것이고 마틸드 역시 평생 꿈도 못 꾸어볼 보석이 생겼으니 얼마나 흐뭇하겠는가? 잘 먹고 잘 살게 되었다는 우리 옛 얘기의 끝과 그런대로 잘 맞아 떨어진다. 그러나 그렇게 싱거운 결말이라면 아예 시작을 말 일이라고 비난을 받을 터. 그보다는 현상을 약간 비틀어 생각하면서 모파상이 끝낸 반전 이후로 돌아가 보자.

우선 목걸이는 가짜였다고 실토한 포레스티에 부인의 입장을 생각해 본다. 부인이 목걸이를 찾아 돌려주는 경우는 이미 앞에서 배제된 바니 방향을 반대로 잡아야 한다. 포레스티에가 목걸이를 돌려주지 않거나 돌려줄 수 없는 경우가 왜 없겠는가? 그래서 마틸드는 목걸이를 돌려받지 못할 수도 있다. 목걸이를 가지고 있으면서 돌려주지 않는다면 그것은 부인이 눈 딱 감고 꿀꺽하겠다는 의도이기 쉽고, 돌려주고 싶어도 돌려주지 못한다면 그것은 부인에게 그 목걸이가 없다는 얘기가 아닐까?

내가 알기로 포레스티에 부인이 그럴 사람은 아니지만 만에 하나 목걸이를 꿀꺽하기로 마음먹었다면 이야기가 어떻게 될까? 세상에 비밀이란 없는 법. 포레스티에 부인이 목걸이를 숨겼다는 사실이 얼마 안 가 소문이 나고 말았다. 그러잖아도 이제나 저제나 무슨 소식이 오기를 고대하던 마틸드는 엄청난 배신감에 떨었고 포레스티에는 그건 근거 없는 헛소문이라고 우길 수밖에 없이 되었다. 결국 두 사람 사이에 법정 다툼이 벌어지고 말았다. 맙소사! 법률지식이라고는 전무한 내가 여기서 갑자기 소송사건이라도 벌이겠다는 말인가? 안 될 말이니 이 설정은 없었던 것으로 하자.

포레스티에는 분명 친구의 목걸이를 돌려주고 싶어 하는 사람이다. 목걸이가 가짜였다는 사실을 처음부터 실토한 그녀가 아닌가? 꿀꺽할 생각 같은 건 아예 없었다는 얘기다. 그녀는 생활이 풍족한 만큼 마음도 편하면 그걸로 그만이지 내놓고 걸고 다니지도 못할 목걸이를 숨길 만치 꼼수를 쓰는 사람이 못 된다. 그런데도 돌려주지 못한다는 것은 역시 그녀에게 그 목걸이가 없다는 얘기다.

그러니 누구보다도 입장이 난처하게 된 사람은 포레스티에 부인이다. 그녀가 그때 마틸드에게 가짜목걸이를 빌려준 것은 별로 특별한 일도 아니었고 또 가난한 친구를 무시해서 한 일도 아니었다. 지금도 여전히 그렇지만 부인들 사이에서는 가끔 그렇게 서로 모조품 보석을 빌려 주고받는 것이 사실이다. 그런 가짜보석을 일일이 기억하지는 못하지만 포레스티에는 마틸드에게 빌려주었던 그 가짜목걸이만은 확실하게 기억하고 있었다.

빌려준 기억도 생생하고 돌려받은 기억도 생생한 목걸이. 마틸드가 진짜보석으로 바꾸어 돌려준 것이라 하니 더욱 찾고 싶어지는 목걸이다. 하지만 이미 없어진 지가 오래인 데다 찾을 길도 없으니 포레스티에로서는 세상에 이런 답답한 노릇이 없다. 가지고 있지 않다고 진실을 뒤집어 보여줄 버선목도 없고 이야말로 마른하늘에 날벼락이다. 그 목걸이는 가짜였노라고 말했을 때 마틸드가 얼마나 믿지 못하는 눈치이던가? 그리고 이미 오래전에 버렸다는 말에는 더욱 의심의 눈길로 자신을 주시하는 마틸드가 아니었던가?

부인은 왜 그 목걸이를 버렸을까? 그 답은 지극히 간단하다. 겨우 오백 프랑짜리 가짜목걸이를 부인이 10년씩이나 보관할 이유가 있는가? 알다시피 모조품이란 쉬 고장이 나거나 변색해서 못쓰게 되기 십상이다. 마틸드에게 빌려주었던 목걸이 역시 모조품 중 하나였으니 미련 없이 버릴 수 있는 물건이었다. 그러나 어떻게 버렸는지는 기억에 없고 버린 사실을 증명해줄 사람도 없다. 이러다가 졸지에 다이아몬드 목걸이 하나 물어주게 생긴 것 아니야? 딱하게 된 포레스티에 부인을 위해서라도 빨리 본격적인 후일담 속으로 들어가 봐야겠다.

내 후일담의 주인공으로는 원작의 마틸드가 아닌 포레스티에 부인의 하녀 티나를 내세우기로 했다. 물론 원작에 있는 인물은 아니지만 포레스티에 부인에게 그런 하녀가 없다는 증거도 없지 않은가? 포레스티에 부인의 하녀인 만치 그녀는 이 사건의 전말을 처음부터 잘 알고 있는 데에다 본의 아니게 직접적으로 개입이 된 처지이기도 하니 내 이야기의 주인공으로는 아주 적격일 듯하다. 그리고 무엇보다도 그녀는 양심을 따라 사는 사람이어서 그녀라면 내가 원하는 결말 '잘 먹고 잘 살았다'에 쉽게 도달하는 지름길을 알고 있을 것이라 믿는다.

마틸드와 포레스티에는 어릴 적부터 한 동네에서 살아온 친구로 보석을 빌려주고 받을 만치 친한 사이였다. 부잣집에 태어나 부자에게 시집 간 포레스티에에 비해 마틸드는 말단공무원인 아버지 밑에서 자라 역시 말단공무원 남자를 만나 결혼한 가난한 처지다. 부자인 친구를 곁에서 보면서 자신의 처지를 비참하게 여기는 마틸드의 마음이 충분히 이해가 간다. 모파상은 마틸드의 그런 점을 별로 마음에 들어 하지 않는 것 같지만 그런 상황에서 자신의 가난을 비관하지 않는다면 그건 성인군자다. 아마 모파상도 이런 식으로 마틸드를 역성 들고 싶어 하는 나를 이해하리라 믿는다.
　가난한 집 딸이라는 사실 하나는 분명 약점이지만 마틸드에게는 좋은 점도 많다. 무엇보다도 마틸드는 용모가 아름답다. 그녀는 포레스티에가 나보다 부자이기는 해도 예쁘기로는 나를 못 따라온다는 자부심으로 자신의 가난을 퉁치고 사는 사람이다. 가난을 비관하지 않는 것은 아니지만 그렇다고 현실을 부정하거나 적응을 못하는 사람은 아니라는 얘기다. 철없이 가끔 거들먹거리기도 하는 포레스티에가 생각 없이 단순한 성격이라면 그런 친구를 있는 그대로 이해하고 받아들이는 마틸드 역시 뒤끝 없이 단순한 성격이다. 그러기에 큰 환경차이에도 불구하고 두 사람이 오랜 친구로 지낼 수가 있었던 것이다.
　부유한 포레스티에 부인에게는 보석이 많았다. 그런데 마틸드의 선입견과 달리 그녀의 보석 중에는 꽤 그럴 듯한 가짜도 더러 있었다. 그녀는 가끔 싫증난 가짜보석을 주위에 나누어 주거나 쓰레기통에 버리곤 했는데 마틸드에게 빌려주었던 목걸이도 그렇게 버려졌을 것이다. 버리고 나면 그뿐 그런 가짜보석이 일일이 기억에 남는 일은 없었다. 그런데도 마틸드에게 빌려준 목걸이가 포레스티에의 기억에 남은 데에는 그럴만한 이유가 있다.
　그 가짜목걸이에 하자가 생기거나 싫증이 나서 버린 것은 아니었다. 모조품인 주제에 너무 잘 만들어진 것이 탈이었다고나 할까. 파티가 있던 날 마틸드와 함께 참석했던 몇몇 여자들이 포레스티에에게 와서 말했다. 그날 저녁 마틸드는 정말 아름다웠으며 특히 멋진 목걸이가 잘 어울렸는데 어느 보석상에서 샀는지 궁금하다는 것이었다. 실상 포레스티가 그 목걸이를 샀던 이유도 가짜치고는 상당히 잘 가공된 것이어서였다. 그렇게 이미 소문이 나버렸으니 포레스티에로서는 그 목걸이를 사용하기가 좀 곤란하게 되었다. 그날 마틸드의 목걸이는 내가 빌려준 가짜였노라고 소문낼 일도 아니니 그동안 잘 쓴 것으로 하고 그만 버리자고 마음먹었다. 그래서 아직은 더 쓸 만하지만 미련 없이 버렸고 기억에도 남았던 것이다.

오랜만에 마틸드를 만나 뜻밖의 사실을 알고 돌아온 포레스티에 부인은 겉옷을 벗어 티나에게 건네주면서 말했다.

"티나, 내가 오늘 마틸드에게서 기가 막힌 이야기를 들었지 뭐야. 예전에 한번 마틸드가 내게서 목걸이를 빌려간 적이 있었거든. 진짜 보석을 빌려주었을 리가 없잖아. 그런데 글쎄 마틸드는 순진하게도 그게 진짜인 줄로 알았던가 봐. 문제는 마틸드가 그 목걸이를 파티에서 잃어버렸다는 거야. 그래서 내게 진짜 목걸이를 사서 돌려주었다는군. 그 목걸이를 사느라고 빚을 엄청나게 지고 10년이나 걸려서 얼마 전에야 다 갚았다는 거야. 나는 그 목걸이를 받아서 열어보지도 않고 두었다가 언젠가 버렸는데 말이야. 그때 내가 열어서 목걸이를 살펴보았더라면 알게 되었을까? 그 목걸이는 벌써 오래전에 버렸다 했더니 마틸드가 도저히 믿지 못하겠다는 표정이더군. 혹시 마틸드가 내게 목걸이 값을 물어달라고 하지는 않을까? 도대체 그동안 버린 목걸이가 한두 개라야 알아나 보지. 어디다 버렸을까?"

 티나는 마틸드 부인이 목걸이를 돌려주러 왔던 날을 기억하고 있었다. 어려서부터도 포레스티에와 친하게 지내는 밝고 예쁜 마틸드를 티나는 좋아했다. 자라서는 미모가 뛰어난 만치 부잣집으로 시집갈 수도 있으리라 여겼건만 가난한 공무원의 아내가 되는 것을 보고 무척 안타까워한 티나였다. 목걸이를 돌려주러 온 날은 웬일인지 마틸드의 얼굴에 수심이 가득해 보였다. 그렇게 우울한 표정의 마틸드를 보는 것은 처음이어서 티나에게는 아직도 그날의 기억이 남아 있었다.

 저녁에 잠자리에 든 티나는 쉬 잠들지 못했다. 낮에 들은 포레스티에 부인의 충격적인 이야기가 종일 머리에서 떠나지를 않았다. 자신이 좋아하는 마틸드 부인이 그런 고초를 겪었다니 마치 내 일인 듯 마음이 아팠다. 마틸드 부인이 빌려간 목걸이는 어떤 것이었을까? 그날 목걸이를 돌려주는 것을 티나도 저쪽 편에서 얼핏 보기는 했지만 무슨 목걸이인지는 알지 못했다.

 포레스티에 부인의 모조품 보석이라면 티나에게도 여러 개가 있었다. 그녀는 잠자리에서 빠져나와 그중에서도 특히 애지중지 아끼는 목걸이 하나를 꺼냈다. 오래전 어느 날 부인이 버리라고 내어준 몇 개의 가짜보석 중에서 골라 가진 것으로 진짜 못지않게 아름다운 모조다이아몬드 목걸이였다. 티나는 이 목걸이를 자신이 가지게 된 것을 큰 행운으로 여기고 있었다. 가짜라고는 해도 진짜 만큼이나 정교하게 잘 만든 것이라고 믿고 있어서였다.

보는 이마다 예쁘다고 칭찬을 하기도 하지만 포레스티에 부인의 단골 보석상인 앙리 씨가 이 목걸이를 볼 적마다 다른 것과 바꾸자며 은근히 탐을 내는 것으로 보아 더욱 그랬다.

여기서 보석상인이란 티나처럼 이 후일담을 위해 내가 애써 꼬드겨온 사람으로 역시 원작에는 없는 인물이다. 보석이 많은 포레스티에 부인에게 단골 보석상이 없을 리가 있겠는가? 그러니 이 이야기에 보석상인 한 사람쯤 등장하는 것이 마냥 터무니없는 일은 아니라 싶다.

보석상인이 처음으로 목걸이를 바꾸자고 말한 것은 티나가 친척집 딸의 결혼식에 가던 날이었다. 그날 그녀는 엊그제 부인에게서 얻어둔 그 목걸이를 걸고 자랑스레 성당으로 향했다. 도중에 상인의 보석상을 지나게 되었는데 주인이 문 앞에 나와 있었다. 인사를 나누면서 상인은 티나의 목걸이를 보고 꽤 놀라는 눈치였다. 전문가의 눈에도 예뻐 보이는구나 싶어 티나는 목걸이가 자랑스러웠다.

실상 티나의 목걸이를 보는 순간 보석상인은 자기 눈을 의심했다. 그것은 얼른 보기에도 그냥 싸구려 목걸이가 아니었다. 아무래도 티나가 소유할 만한 물건이 아닌 듯했다. 어디서 빌렸을 리도 없고 훔쳤을 리도 만무한데 도대체 티나가 어떻게 저런 목걸이를 걸고 있는 것일까? 노련한 상인은 놀란 마음을 숨기고 슬쩍 다가가 목걸이를 만져보면서 그리고 내심 자신의 짐작을 확신하면서 말했다.

"티나, 목걸이가 잘 어울려서 그런지 오늘은 한결 더 젊어 보이는 걸."

"고마워요 앙리 씨. 지난번에 포레스티에 부인이 버리신 거예요. 가짜라도 이건 정말이지 진짜같이 아름답지 않아요?"

맙소사! 세상에 이런 일이! 상인은 속으로 기절초풍을 할만치 놀랐다. 그러면 부인이 이 목걸이를 가짜로 착각해서 버렸다는 말이 아닌가? 부인이 어떻게 그런 착각을 할 수가 있지? 이건 정말이지 있을 수 없는 일이다. 아! 이 일을 어쩌나! 상인은 목걸이가 마치 자기 것인 양 안타까워 정신이 혼미해질 지경이었다. 그는 애써 태연한 얼굴로 말했다.

"아! 그랬군. 그래 어디 다시 좀 볼까? 정말 꽤 그럴 듯한 목걸이야. 그런데 티나, 이 목걸이도 물론 아름답지만 당신에게 이보다 더 잘 어울릴만한 목걸이가 하나 내게 있는데 내가 그것과 바꾸어 주면 어떻겠는가?"

물론 티나는 전혀 그럴 생각이 없었다. 이후로 상인은 기회가 있을 적마다 티나에게 목걸이를 바꾸어주겠다고 말했다. 그는 어떻게 해서든 티나에게서 목걸이를 빼낼 작정이었다. 훔칠 수만 있다면 아마도 훔치기라도 했을 것이다. 그러나 속마음을 너무 드러내어 티나가 눈치를 채면 만사공일이 되고 말 터. 상인은 티나의 목걸이를 볼 적마다 마른침을 꼴깍 삼켰다. 그는 엉큼하고 집요한 사람이었다.

상인이 엉큼하고 집요한 사람이라면 우리의 티나는 우직하고 심지가 굳은 사람이다. 그녀에게는 한번 마음에 든 물건은 영원히 마음에 드는 물건이다. 상인이 아무리 더 잘 어울리는 목걸이를 강조해도 목걸이에 대한 그녀의 사랑은 변하지 않았다. 상인이 농담인 듯 진담인 듯 잊을 만하면 묻고 잊을 만하면 또 묻는 것으로 보아 가짜일망정 잘 만든 물건임에는 틀림없다 싶어 오히려 더 목걸이에 애착이 가는 티나였다.

그런데 참으로 이상한 일은 그렇게 엄청난 목걸이의 사연이 밝혀졌는데도 두 부인의 사이에는 아무런 일도 일어나지 않고 있다는 것이었다. 두 사람이 만나는 기미조차 없으니 티나로서는 여간 답답한 노릇이 아니었다. 일이 이대로 흘러가고 만다면 억울한 마틸드 부인은 어쩌나. 티나는 혼자 애를 태웠다.

그러던 어느 날 밤이었다. 그날도 역시 쉬 잠들지 못하고 뒤척이던 티나의 머리에 갑자기 의문 하나가 번쩍하고 떠올랐다. 보석 상인이 왜 그리 오랜 세월을 두고 내 목걸이에 대한 미련을 버리지 않을까라는 의문이었다. 아무리 잘 만들었다고 해도 그래 보았자 가짜가 아닌가? 지나가는 말처럼 하기는 해도 탐을 내는 눈치가 빤한데 꼭 필요하다면 그가 이런 목걸이 하나쯤 구하지 못할 리가 있겠는가? 지금 생각해 보니 아무래도 상인의 태도에는 어딘가 미심쩍은 데가 있다.

티나는 일어나 목걸이를 꺼내어 새삼스레 자세히 들여다보았다. 아! 그렇다! 이제 보니 이 목걸이에는 정말 이상한 점이 하나 있다. 부인에게서 얻은 다른 보석들은 저렇게 유리알이 빠지거나 녹이 슬어 서랍 속에서 굴러다니는데 이 목걸이는 10년이 되도록 어느 구석도 색깔 한번 변해본 적이 없다. 물론 내가 깨끗이 손질하며 쓰기는 했지만 그렇다고 이렇게까지 오랜 동안 변하지 않는 가짜보석도 있는 것일까? 처음이나 지금이나 변함없이 깨끗하고 아름답기만 해. 내가 왜 여태 이런 생각을 한 번도 해보지 않았지?
 혹시라도 이 목걸이가 가짜가 아닌 것은 아닐까? 부인이 뭔가 착각해서 진짜를 가짜로 알고 버리기라도 했다면? 그래서 상인만은 이 목걸이가 진짜라는 것을 알고 나를 속여 빼앗으려 하는 것이라면? 에이! 설마 그럴 리가. 부인이 보석을 하루 이틀 만져본 사람이야? 진짜 가짜도 구분을 못하고 버리게. 그런 일은 절대 있을 수가 없지. 그런데 왜 저 상인 영감은 이 목걸이를 탐을 낼까? 아니 아니야, 탐을 내는 것이 아니라 농담을 좀 길게 하는 거겠지. 이 목걸이는 분명 가짜야. 강하게 부인하는 만큼 목걸이는 더욱 강하게 반짝이고 있었다.
 이튿날 티나는 목걸이를 소중히 품에 넣고 그 보석상이 아닌 멀리 있는 다른 보석상을 찾아갔다. 그리고 이런 가짜 보석 목걸이를 만드는 곳이 어디에 있는지 알 수 있겠느냐고 물어 보았다. 보석상 주인은 깜짝 놀라면서 말했다.
 "가짜라니요! 이렇게 훌륭한 물건을. 이 목걸이는 가짜가 아닌데요."
 숨이 멎을 만큼 놀란 티나는 황급히 보석상을 나와 허둥대는 걸음으로 집을 향했다. 역시 이 목걸이는 가짜가 아니었던 거야.

그래서 저 능구렁이 같은 상인이 그토록 나를 꼬드겨댄 거였지. 못된 영감탱이 같으니! 정신없이 집에 돌아온 티나는 실감이 나지 않는 목걸이를 꺼내 놓고 두근대는 가슴을 진정하며 멍하니 내려다보았다.

　내가 여태껏 진짜 다이아몬드를 목에 걸고 다녔다는 말이지? 맙소사! 말도 안 돼. 분명 부인이 무언가 크게 착각을 한 거로구나. 왜 그런 착각을 했을까? 그래 맞아! 부인이 했던 말이 있잖아. 마틸드에서 돌려받은 목걸이를 열어보지도 않고 던져두었다가 버렸다고. 그렇다면 이 목걸이가 마틸드 부인이 돌려준 그 목걸이일 수도 있다는 말이 아닌가? 그렇지 않고서야 부인이 진짜 보석을 못 알아보고 버렸을 리가 없다. 혹시 그 목걸이가 아니라 하더라도 그렇지. 부인이 뭔가 착각한 것이 분명한데 알고도 그냥 가진다면 그건 도둑질이다. 일단 부인에게 돌려주어야 하는 것이 아닐까?

　그런데 만일 이것이 정말 마틸드 부인이 돌려준 그 목걸이라면 포레스티에 부인에게 돌려주는 것이 맞기는 한 건가? 목걸이의 임자가 포레스티에 부인이 맞느냐고. 부인은 이 목걸이를 이미 예전에 버린 사람이고 10년이나 걸려 목걸이 값을 치른 사람은 마틸드 부인이라는데 말이야. 그렇다면 이 목걸이는 내가 그냥 조용히 마틸드 부인에게 돌려주어야 하는 것일까?

　아! 그러면 정말 이 목걸이가 내 것이 아니란 말이지? 내가 그동안 이 목걸이를 얼마나 아끼며 좋아했는데 이제 와서 내 것이 아니라고? 내가 부인의 물건을 뺏은 것도 아니고 훔친 것도 아니고 아무런 죄 없이 내게 온 물건인데 그런데도 내 것이 아니라고? 아니야 그럴 수는 없어. 누가 뭐래도 이 목걸이는 내 것이야. 내 것이어야만 해. 어쩌면 이건 하늘이 내게 내려주신 복일지도 몰라. 실상 포레스티에 부인이나 마틸드 부인이나 다 이 목걸이가 없어도 나보다야 열 배 백 배 잘 먹고 잘 사는 사람들이 아닌가? 맞아! 이 목걸이는 가난하고 외로운 내 신세를 불쌍하게 보신 하느님께서 내게 내려주신 복일 거야.

대단한 보석을 횡재했으니 이로써 우리의 티나는 이제 잘 먹고 잘 살게 되었다고 봐도 무방하다. 그러니 이야기는 여기서 끝을 맺어도 좋을지 모른다. 그런데 우리의 옛이야기가 말하는 진정한 끝은 이런 것이 아닐 듯하다. 나쁜 사람은 벌 받고 선량한 주인공은 물론이요 주위의 이웃들까지 다 편안해진 후라야 잘 먹고 잘 살았다 하고 끝내는 것이 우리 이야기의 정석이다. 그리고 무엇보다도 처음에 내가 목표했던 마틸드를 위한 위로가 아직은 성사되지 못한 단계가 아닌가? 좀 더 이야기를 들어볼 필요가 있다.

빚을 갚느라고 10년이나 죽을 고생을 했다지만 그동안 마틸드가 돈밖에 모르는 자린고비가 되었다고 상상하고 싶지는 않다. 손등이 거칠고 소리를 잘 지르는 교양 없는 여편네쯤으로 모파상은 마틸드를 폄하하지만 거기에는 다분히 남자로서의 그의 편견이 들어있다고 나는 생각한다. 손등이 거친 만치 생활력이 강하고 검소하며 큰 소리로 말할 만치 정직하고 자신감 있는 여자가 되었다고 말해야 옳다. 더구나 아들을 셋씩이나 키우는 마틸드의 큰 목소리를 어찌 꼭 교양으로만 평가할 수가 있으랴? 남에게 피해 주지 않고 매사에 경우 바르며 오랜 결핍에도 찌들지 않는 당당함은 분명 그녀의 장점이다. 그런 당당함이 없었다면 자존심이 상해서라도 비참한 10년 세월을 포레스티에에게 실토할 수는 없었을 것이다.

원래 자랄 때부터도 마틸드는 가난한 생활에는 익숙한 편이었다. 젊고 아름다운 시절 한때 대개의 여자들이 그렇듯 그녀에게도 그만 정도의 허영심이 없었던 것은 아니다. 그러나 목걸이 사건 이후로 오랜 동안 절약생활을 잘 견뎌낸 그녀는 낭비하지 않고 허튼 욕심 가지지 않는 검박한 생활인이 되었다. 고생한 경험이 약이 되어 이해심도 있고 성격이 시원시원해서 이웃과도 스스럼없이 어울리는 좀 시끌시끌한 아줌마가 되었을 뿐이다. 원래 남편이 소심하면 할수록 아내는 성격이 화끈하면서 목소리도 커지게 마련 아닌가? 그녀의 남편이야말로 얼마나 소심하고 고지식한 사람인가?

마틸드는 10년 전 그날 목걸이를 돌려주고 간 이후로 포레스티에를 방문한 일이 없었다. 티나는 그런 마틸드가 적잖이 궁금했다. 이유가 있을 것 같아 길에서 만날 때면 왜 요즘은 친구에게 들르지 않느냐고 묻기도 했지만 그때마다 마틸드는 어쩐지 대답을 피하는 것 같은 눈치였다. 결혼하고 살다 보면 서로의 생활수준 차이가 더욱 크게 실감될 터이니 차라리 만나지 않는 것이 마음 편해 그러리라고 티나는 마틸드를 이해했다. 또 한 가지 이상한 것은 마틸드의 고운 얼굴에 전에 없던 어두운 그림자가 있어 보인다는 사실이었다. 관직에 있는 남편이 소문난 꽁생원이라고는 해도 수입이 그렇게까지 적지는 않을 터인데도 지나치다 싶을 만큼 검소한 마틸드의 모습이 좀 딱하기도 했다. 그래도 사람을 차별하지 않고 매사에 꾸밈없이 소탈한 마틸드를 티나는 변함없이 좋아해 왔다. 그런데 근래 들어 만나는 마틸드의 얼굴이 눈에 띄게 밝아졌더라는 생각이 들면서 티나는 깊은 고민에 빠졌다.

티나는 밤마다 잠을 설쳤다. 목걸이는 이제 그녀에게 행운이 아니라 우환덩어리가 되었다. 목에 걸고 나설 수도 없고 집에 두고 다니자니 불안한 애물단지가 되고 말았다. 나가도 불안하고 들어와도 불안한 나날의 연속이었다. 그녀는 목걸이와 함께 이곳을 떠나려는 생각도 해보았다. 나도 이제 늙어 일하기 힘든 때가 곧 올 터인데 이 목걸이 하나면 멀리 살고 있는 여동생에게로 가서 함께 여생을 편안히 지낼 수 있을 것이다. 나만 입 다물면 그만인데 이제 와서 목걸이를 내놓아 굴러온 복을 차버려야만 할까? 그런데 그렇게 떠나서 산다면 몸이 편한 만큼 과연 마음도 편하게 살다 죽을 수가 있을까?

내 것이 아니면 두 번도 눈길 주는 법이 없이 살아온 선량한 티나였다. 그녀는 마틸드 부인을 만날 적마다 얼굴을 똑바로 볼 수가 없었다. 부인을 속이고 있는 듯해 마음이 너무나도 괴로웠다. 부인의 억울한 10년 세월이 자신의 탓인 것만 같았다. 포레스티에 부인 앞에서도 주눅이 들기는 마찬가지였다. 요즘은 왜 그 목걸이를 하지 않느냐고 물을까봐 보석상인을 피해 다니는 것도 예삿일이 아니었다. 감추면 감출수록 목걸이가 내 것이 아니라는 생각에서 벗어날 수가 없었다. 아이러니컬하게도 그녀는 교활한 보석상인보다도 더 마음이 불편한 사람이 되고 말았다.

티나는 예전의 평화가 그리웠다. 불과 얼마 전까지만 해도 욕심 없고 단순한 자신의 삶에 아무런 불만이 없는 그녀가 아니었던가? 난생처음으로 처한 불편하기 짝이 없는 이 지옥 같은 구속에서 그녀는 그만 자유로워지고 싶었다. 그 구속으로부터 벗어나는 길은 단 하나뿐이었다.

그녀는 일단 포레스티에 부인에게 사실을 털어놓기로 마음먹었다. 이 목걸이가 마틸드 부인이 돌려준 그 목걸이인지 아니면 부인이 정말 실수로 버린 다른 목걸이인지도 궁금했다. 사실 여부에 상관없이 부인이 자기 것이라 하더라도 그녀로서는 어쩔 수 없는 일이었다. 그러면 마틸드 부인은 억울해서 어쩌나 걱정이 들기도 했지만 그러나 이번에는 오래 고민하고 싶지 않았다. 그녀는 재물만치 마음도 부유한 포레스티에 부인을 믿기로 했다. 그렇게 마음을 정한 것만으로도 자유를 다 찾은 듯해서 티나는 오랜만에 편안한 잠 속으로 빠져들었다.

어느 날 보석상인은 포레스티에 부인의 파티에 참석했다. 여간해서 파티에 나가지 않기로 유명한 마틸드 부인이 참석한 것이 좀 의외였다. 여자들이 마틸드 부인을 둘러싸고 반기면서 호들갑을 떠는 말이 그의 귀에까지 들려왔다. "아! 마틸드 부인, 이 목걸이를 이제야 또 보는군요. 예전에 부인이 이 목걸이를 걸고 파티에 왔던 날 기억하시죠? 우리가 모두 부러워했던 그 목걸이가 맞지요?"

당연히 목걸이가 궁금해진 보석상인은 기회를 보아 마틸드 곁으로 다가갔다. 그런데 인사를 주고받던 상인은 깜짝 놀랐다. 티나의 것과 놀랍도록 똑같아 보이는 목걸이가 마틸드 부인의 목에 걸려 있었다. 내가 잘못 보았나 싶어 아무리 훔쳐보아도 티나의 목걸이와 그렇게 똑같을 수가 없었다. 상인은 티나의 목걸이라면 자신의 손으로 만든 듯 훤하게 그려볼 수가 있었다. 혹시 부인이 티나에게서 목걸이를 빌리기라도 했나? 그래도 명색이 관리의 부인이 친구도 아니고 친구의 하녀에게서 가짜목걸이를 빌려 파티에 참석했다고?

그런데 이후로도 마틸드 부인의 목에는 여전히 그 목걸이가 걸려 있었다. 티나의 목걸이가 아니라는 얘기였다. 보석이라고는 금반지 하나 없이 검소하기로 소문난 마틸드 부인이 웬일로 저런 비싼 보석을 어디에서 장만했을까? 티나의 목걸이를 다시 한 번 잘 살펴보아야겠다. 요즘 내가 좀 일이 바빠 티나에게 무심했네. 빨리 만나서 목걸이를 확인해봐야만 해.

그런데 근래에 내가 티나의 목걸이를 본 게 언제였더라? 그러고 보니 요즘 티나를 가까이서 본 적이 통 없네. 그런데 언제부턴가 티나가 어쩐지 나를 피해 멀리로만 뱅뱅 도는 것 같지 않던가? 목걸이를 걸고 나오는 날은 가게 앞을 지나면서 내가 있나 기웃거리기도 하는 티나인데 요즘은 우리 가게 앞으로는 통 지나

다니지도 않고 말이야. 엊그제 일만 해도 그렇다. 산책하고 돌아가는 포레스티에 부인과 만났을 때 뒤따라오던 티나가 뭔가 아주 불편한 표정으로 자꾸 저쪽으로 비켜서지 않던가? 꼭 나를 피하는 듯한 느낌이 들어 아주 이상했지. 도대체 왜 그랬을까? 그날 티나의 목에 목걸이가 있었던가? 못 본 것 같아. 티나를 만나면 항상 목부터 보는 것이 내 습관인데 흘끗 보기는 했어도 목걸이를 본 것 같지가 않아. 엊그제 뿐만이 아니다. 멀리서 보아도 그 반짝임으로 알 수 있는 것이 목걸이인데 근래에 들어서는 티나의 목에서 목걸이가 빛나는 것을 본 기억이 통 없는 것 같다.

상인은 바삐 머리를 굴려 보았다. 어쩐지 예감이 영 좋지 않은 것이 무언가 큰 변동이 생긴 것만 같았다. 하필이면 티나에게서 목걸이를 볼 수 없는 시기에 마틸드 부인이 똑같은 것을 가지고 있다는 사실은 무슨 의미일까? 아무래도 티나의 목걸이에 무슨 사달이 났다는 의미일 것만 같았다. 그러지 않고서야 왜 티나가 갑자기 목걸이를 걸지도 않고 더구나 나를 피해 다닌다는 말인가? 도대체 티나의 목걸이에 무슨 일이 생긴 것일까? 목걸이의 정체가 드러나기라도 했단 말인가? "아! 내 목걸이, 내 목걸이는 어떻게 된 거야!" 상인은 혼란에 빠졌다.

만에 하나 정말 목걸이의 정체가 드러났다면? 그렇다면 도대체 누가, 누가 그 사실을 알게 되었을까? 그토록 조심하며 지내왔으니 티나가 내게서 눈치를 채었을 리는 없고, 티나 주위에 그런 걸 알아볼 만한 사람이 누가 있을까? 아차! 그렇다! 저쪽 모퉁이 보석상의 교활한 주인 녀석이 있었구나. 티나가 요즘 계속 그쪽 길로 돌아다니는 눈치였잖아. 맞아! 오두방정에 시시콜콜 간섭하기 좋아하는 그 똥자루 녀석이 시시덕거리다가 알아보고 가르쳐준 것이 틀림없어. 그 녀석 말고는 티나 주위에서 그런 걸 알아볼만한 사람이 없지.

아! 이 불길한 예감! 그래서 저 멍청한 티나가 목걸이를 부인에게 돌려주기라도 했다는 건가? 아니지. 그렇다면 목걸이를 포레스티에 부인이 가지고 있어야지 왜 마틸드 부인이 가지고 있겠어? 돌려받은 목걸이를 부인이 친구에게 팔기라도 했나? 평생 보석이라고는 모르는 짠돌이 마틸드 부인이 저 비싼 목걸이를 샀다고? 어차피 잃었던 물건이니 없는 셈치고 부인이 친구에게 선물이라도 했나? 보석이 많은 부인이 그러지 못하라는 법도 없기는 하다만 그래도 그렇지 값이 얼만데.

그렇다면 이건 보통일이 아니다. 목걸이의 실체가 드러났다면 어쩌면 저 세 사람 중 최소한 두 사람은 내가 숨겨온 계획을 알고 있을지도 모른다. 그러나 그날이 그날 같은 티나의 얼굴이나 변함없이 친절한 포레스티에 부인의 표정 어디에서 조금이라도 그런 눈치가 보이던가? 마틸드 부인이야말로 사실을 알고 있다면 목걸이를 걸고 어떻게 그리 편안한 얼굴로 나와 인사를 나눌 수가 있겠어? 아무래도 티나를 만나 보아야만 해. 목걸이를 어쨌느냐고 단도직입 묻기라도 해야겠는데 아무래도 나를 피하는 눈치가 분명하잖아. 아! 어쩌다 일이 이렇게 꼬이고 말았나. 애초에 일을 이리 길게 끌 게 아니었어. 그렇지만 난들 끌고 싶어 끌었나? 맹추 같은 티나가 도대체 말을 들어먹었어야 말이지.

정말 저들이 내 계획을 알게 되었다면. 그렇게 믿고 싶지는 않지만 정말 그렇다면. 아! 나는 이제 어떻게 되는 거야. 평생을 쌓아온 내 신용과 명예는 이제 어떻게 되는 거냐고! 그동안 내가 그 목걸이에 들여온 공이 얼만데 이제 와서 내게 남은 것이 무엇인가? 아무래도 내가 뭔가 길을 잘못 든 것 같아. 애초에 그런 욕심을 낼 일이 아니었던 거야. 나이 먹어 어쩌다가 이런 망신스런 꼴이 되고 말았나. 그런데 정말 그 목걸이가 티나의 것이 맞기는 할까? 상인은 머리칼을 쥐어뜯으며 신음했다.

이 정도의 반전이 내 이야기 솜씨의 전부이니 이 유치한 작업은 여기서 끝을 맺어야겠다. 마틸드와 티나 그리고 포레스티에 부인, 이 모든 등장인물들이 상인이 미치도록 궁금해 하는 비밀을 간직한 채 잘 먹고 잘 살게 되었다니 말이다. 그러니 보석상인인들 어쩌겠는가? 그냥 받아들이고 퇴장해야지.

그러나 역시 보석상인이 좀 안 됐기는 했다. 황당한 내 이야기에 억지 징발되어 악역을 덤터기 써준 것만도 억울한데 단골을 바꾼 포레스티에 부인을 따라 굵직굵직한 단골손님들이 모두 다른 보석상으로 떠나버렸다니 말이다. 그래도 자신의 한심한 노욕을 깊이 후회하고 있다니 우린들 어쩌겠는가? 그냥 받아들이고 용서해야지. 그 역시 우리와 똑같은 보통사람들 중 하나일 뿐이니.

이야기를 끝내기 전에 마틸드에게 한마디 물어보지 않을 수 없었다. 목걸이와 맞바꾼 10년 세월이 너무 억울하지 않으냐고. 성격이 화통한 그녀는 이번에도 역시 시원시원하게 대답해주었다.

"10년? 에이, 그거 난 다 벌써 잊었으니 당신도 잊어요. 대신 평생 꿈도 못 꿀 다이아몬드 목걸이가 생겼잖아요. 나도 여잔데 보석이 싫겠어요? 아! 그야, 포레스티에가 내게 가짜목걸이를 말없이 빌려줬다는 것이 좀 배신감 들기는 하지요. 그렇지만 생각해 보세요. 아무리 부자라도 가난뱅이에게 진짜 보석을 빌려주는 바보가 어디 있겠어요? 노는 물이 다른 나 같은 맹꽁이나 그렇게 생각하지. 인생 공부 한 번 크게 했지요 뭐."

그녀라고 말처럼 그렇게 마냥 속 편하지만은 않을 것이다. 그러나 마틸드는 이제 와서 그 억울함을 또 하나의 짐으로 짊어질 사람은 아니다. 내가 아는 그녀는 걸레로 마루나 벅벅 문지르면서 10년 세월쯤이야 이미 싹싹 씻어내 버렸을 사람이다. 포기할 것은 얼른 포기하고 인정할 것은 확실하게 인정하면서 살아온 것이 그녀의 삶이니까.

네? 뭐라고요? 좀 크게 말해 주세요. 제가 귀가 좀 시원찮아서요. 아 네. 우리의 주인공 티나만 닭 쫓던 무엇 되지 않았느냐고요? 맞아요. 그렇기는 해요. 하지만 너무 안타까워 마세요. 티나에게도 이번에 좋은 일이 있었답니다. 그녀에게 아름다운 진주목걸이가 생겼거든요. 이참에 포레스티에 부인이 크게 선심 한번 썼지요. 보석만 많은 줄 알았더니 포레스티에 부인 인정도 많더라고요. 자신의 양심 고운 하녀 티나에게 진짜 진주목걸이 하나 선물하는 것을 조금도 아까워하지 않았지요. 게다가 마틸드 부인이 목걸이에 맞추어 진주반지까지 선물을 했으니 티나야말로 난생처음 가져보는 진짜 보석을 얼마나 좋아하고 있는지 몰라요. 네? 보석이 난생처음이 아니라고요? 진짜 다이아몬드 목걸이를 10년이나 걸고 다니지 않았느냐고요? 에이 그거요? 진짜인 줄 알고서는 목에 한 번 걸쳐도 안 봤대요. 자— 이만하면 이제 다 잘 먹고 잘 살았다 하고 끝내도 되겠지요?

우리는 어떤 일에 당면했을 때 그 일의 실상을 보기보다는 선입견에 가려진 허상을 먼저 보는 때가 많다. 그 바람에 실패와 실망을 거듭하면서도 가짜일수록 겉은 더 빛나 보인다는 사실을 매번 잊곤 한다. 나 역시 가짜 목걸이에 속아 아까운 시간과 힘을 허비한 일이 한두 번이겠는가? 새삼 안타까운 기억들이 떠오르지만 역시 다시 그러지 않으리라는 자신감은 없다.

그런데 이렇게 선입견을 경고한 모파상은 어땠을까? 어쩌면 그도 그런 선입견으로 인한 낭패를 본 경험이 있을지도 모른다. 그래서 '목걸이' 같은 기가 막힌 반전소설을 쓸 수 있지 않았을까? 그는 과연 어떤 낭패를 보았을까?

"쯧쯧!"

잘 먹고 잘 살았다고 원하는 결말을 얻었으면 이제 그만 멈출 일이지 참 질기게도 수다를 그치지 않는다며 혀 차는 소리가 들린다. 대문호 어른을 어찌 그리 속 시끄럽게 해드리느냐는 질책이다. 아! 죄송 그러잖아도 지금 막 입 닫으려던 참…. 숏! 뚝!